Juliane Stubenrauch-Böhme

Die schnelle Stunde

Französisch

30 originelle Unterrichtsstunden ganz ohne Vorbereitung

Auer Verlag

Bildquellennachweis
Ostseestrand mit Strandkörben © druckingenieur – Fotolia.com
Strand in der Bretagne © CARRÉ PIXEL – Fotolia.com
Löwe auf Klavier © John Drysdale – Fotoagentur Voller Ernst, Berlin
Oma staubsaugt den Gehweg © Matthias Horn – Fotoagentur Voller Ernst, Berlin

Gedruckt auf umweltbewusst gefertigtem, chlorfrei gebleichtem und alterungsbeständigem Papier.

1. Auflage 2012
Nach den seit 2006 amtlich gültigen Regelungen der Rechtschreibung
© Auer Verlag
AAP Lehrerfachverlage GmbH, Donauwörth
Alle Rechte vorbehalten
Illustrationen: Barbara Schumann, Hendrik Kranenberg, Julia Flasche
Umschlagillustration: Julia Flasche
Satz: Typographie & Computer, Krefeld
Druck und Bindung: Franz X. Stückle Druck und Verlag, Ettenheim
ISBN 978-3-403-06964-5

www.auer-verlag.de

Inhaltsverzeichnis

Vorwort

Liebe Kolleginnen und Kollegen,

Vertretungsstunden gehören für uns alle zum Schulalltag und jeder kennt die Problematik, wenn man spontan und ohne Vorbereitungszeit in fremden Klassen unterrichten muss. Aber gerade diese Stunden bieten auch Gelegenheit, ganz ohne Notendruck neue Erfahrungen zu machen und Interesse und Neugier der Schüler zu wecken. Viele der vorgestellten Stunden bieten Ansätze, Wissen spielerisch und interaktiv zu erwerben, wofür im regulären Unterricht häufig die Zeit fehlt.

Diese Handreichung aus der Reihe „Die schnelle Stunde" bietet für das Fach Französisch Stundenkonzepte und Materialien, die Sie (fast) ohne Vorbereitung in Vertretungsstunden oder auch im regulären Französischunterricht einsetzen können.

Die Anordnung der Stunden erfolgt nach Lernjahren und nicht nach Schuljahren, da der Französischunterricht in verschiedenen Jahrgangsstufen einsetzen kann. Es finden sich verteilt über die Lernjahre verschiedene Vorschläge zu den einzelnen Lernbereichen des Französischunterrichts: *Wortschatz und Idiomatik – Grammatik und Sprachreflexion – Landeskunde – Leseverstehen/Umgang mit Texten und Medien – schriftliche/mündliche Ausdrucksfähigkeit – Hörverstehen – Sprachmittlung*. Die einzelnen Stunden sind lehrwerksunabhängig konzipiert.

Zur schnelleren Orientierung wird bei jeder Stunde vermerkt, in welchem Lernjahr ein Einsatz im Hinblick auf das Vorwissen der Schüler sinnvoll erscheint. Die Stunden sind dabei hinsichtlich des Lernniveaus in aufsteigender Reihenfolge angeordnet. Zusätzlich wird die Dauer angegeben und auch, ob Material vorzubereiten ist. Immer werden die jeweiligen Lernziele benannt und der Stundenablauf skizziert. Ebenso aufgeführt werden Varianten, Tipps und ob es möglich ist, die Unterrichtsstunde zu erweitern. Die meisten Stunden enthalten ein oder mehrere Arbeitsblätter, aus denen Sie individuell auswählen können.

Für eine Orientierung auf einen Blick wurden regelmäßig wiederkehrende Begriffe mit den folgenden Icons veranschaulicht:

Jahrgangsstufe   Vorbereitung

Dauer   Varianten

Material   Tipps

Lernziel

Ich wünsche Ihnen viel Freude und Erfolg mit den vorgestellten Materialien.

Juliane Stubenrauch-Böhme

Anmerkung: Aus Gründen der besseren Lesbarkeit ist in diesem Buch mit Schüler auch immer Schülerin gemeint, ebenso verhält es sich mit Lehrer und Lehrerin etc.

Übersichtstabelle zu allen schnellen Stunden

	Lj. 1	Lj. 2	Lj. 3	Lj. 4 / 5	kopieren	Material	evtl. Material	erweiterbar auf 90 min
1.1 Schnupperstunde Französisch	x				x			
1.2 *La bataille navale*	x	x	x		x			x
1.3 *Faire le portrait de quelqu'un*	x	x					x	
1.4 Quartett	x				x		x	
1.5 *Se présenter en poème*	x	x			x		x	
1.6 *Le jeu du bac*	x	x	x	x				
2.1 *L'alphabet*		x	x				x	
2.2 Domino		x	x	x	x		x	x
2.3 Memory®		x	x	x	x		x	
2.4 Tabu		x	x	x	x		x	
2.5 *Photo-histoire*		x	x	x	x			
2.6 *Jouons au foot!*		x	x	x	x	x		
2.7 *Que des histoires!*		x	x	x	x		x	x
2.8 Aussracheübungen und freier Vortrag	x	x	x	x	x		x	x
3.1 *Connaissez-vous bien la France?*			x	x	x			x
3.2 *Jeux de rôle*			x	x	x			
3.3 *Qu'est-ce que tu ferais?*			x	x	x			
3.4 *Apprendre à éviter des fautes*			x	x	x			
3.5 *Le dictionnaire unilingue*			x	x	x	x		
3.6 *Entraînement*			x	x	x			x
3.7 *Ma vie et mon CV à l'an 2050*			x	x	x			x
3.8 *Poser sa candidature*			x	x	x			x
3.9 *Entretien d'embauche*			x	x	x			
4.1 *Place pour la chanson*					x	x	x	x
4.2 *Proverbes et expressions toutes faites*					x	x	x	
4.3 Filmszenen synchronisieren					x		x	
4.4 *Médiation*					x	x	x	
4.5 *Fables*					x	x		x
4.6 *Inventer et intégrer des dialogues*					x	x	x	x
4.7 Dramenpuzzle					x	x	x	x

1.1 Schnupperstunde Französisch

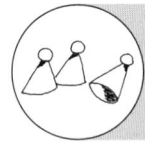 in Klassen, die (noch) kein Französisch lernen

 45 min

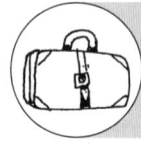 Tafel, Arbeitsblatt

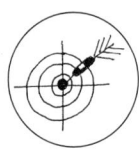 Wecken von Interesse für die französische Sprache, sich begrüßen und verabschieden können

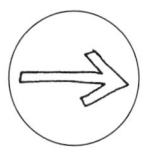 Arbeitsblatt kopieren

Als Einstieg in einer Klasse, die (bisher noch) kein Französisch lernt, bietet es sich an, die Schüler äußern zu lassen, was ihnen zu Frankreich einfällt, warum oder ob sie sich für Französisch interessieren, welche französischen Begriffe oder Produkte sie kennen etc.
Anschließend erarbeitet man mithilfe des Arbeitsblattes das Vokabular, um sich auf Französisch begrüßen zu können. Die Schüler üben in Kleingruppen kurze Dialoge ein und präsentieren sie im Plenum.

 Der Lehrer kann auch französische Vokabeln an die Tafel schreiben und die Schüler fragen, welche der Vokabeln sie bereits kennen bzw. welche sie sich aus anderen Sprachen erschließen können.

Beispiele:

un restaurant
bonjour
un porte-monnaie
merci
une baguette
un bonbon

Juliane Stubenrauch-Böhme: Die schnelle Stunde Französisch

Salut et bonjour!

Salut. Je m'appelle Philippe. Et toi, tu t'appelles comment?

Salut. Je m'appelle Marine.

Et toi, tu es Charles?

Oui.

Salut.

A demain.   A la prochaine.

Jetzt bist du an der Reihe!
Wähle einen französischen Vornamen aus und begrüße deinen Nachbarn!

Salut!

A demain.

Bonjour!

Ça va?

Moi, je suis …

Oui, ça va (bien).

Non, ça va mal.

Au revoir!

Salut!

Je m'appelle … et toi, tu t'appelles comment?

Felix	Paul	Marine	Rose
Charles	Christophe	Emma	Julie
Victor	Clément	Martine	Nicole
Frédéric	Thomas	Danielle	Elodie
Patrice	Nicolas	Amélie	Laure
David	Erik	Amandine	Célia
Luc	Tarik	Emilie	Annabelle
Farid	Julien	Lucie	Marie
Mathieu	Rachid	Marianne	Pauline

1.2 La bataille navale

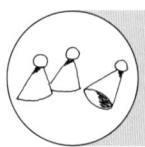
ab 1. Lernjahr

45–90 min

Schülerheft, Papier
oder Kopiervorlage

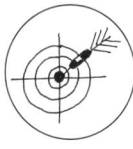
Einüben des bekannten Wortschatzes

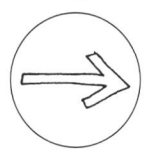
Arbeitsblatt kopieren oder Papier bereitlegen

Die Schüler erhalten das Arbeitsblatt oder zeichnen sich ein entsprechendes Raster nach dem Schema des Spiels „Schiffe versenken".

Aber anstelle von Schiffen werden Wörter „versenkt", d. h. die Schüler müssen Wörter ausfindig machen, die ihr jeweiliger Partner auf seinem Spielfeld „versteckt" hat.

Es spielen immer zwei Schüler zusammen. Im eigenen Spielfeld trägt der Schüler Wörter mit drei, vier oder fünf Buchstaben senkrecht oder waagrecht ein. Dabei müssen die einzelnen Wörter immer durch ein leeres Kästchen voneinander getrennt bleiben. Der Spielpartner darf dieses Spielfeld nicht einsehen. Im anderen Spielfeld notieren die Schüler jeweils die Ergebnisse der Befragungen ihres Spielpartners. Denn im Laufe des Spiels „suchen" die Spieler die Felder ihres Partners ab. Fragt ein Spieler nach einem Feld, das beschriftet ist, so muss der Partner angeben, welchen Buchstaben das Feld enthält und aus wie vielen Buchstaben das Wort besteht. Wer ein Wort errät, noch bevor er alle Buchstaben erfragt hat, darf es eintragen und gleich weiterfragen.

Gewonnen hat, wer als Erster alle Wörter erfragt hat.

Man kann das Spiel schwieriger gestalten, indem man die Wörter auch diagonal oder im rechten Winkel eintragen lässt:

```
R                 B A T
  E                   E
    P                 A
      A               U
        S
```

Auch die Verwendung von Wörtern mit mehr Buchstaben erhöht den Schwierigkeitsgrad.

Sinnvoll ist auch, das Spiel unter bestimmten Vorgaben zu spielen: So können beispielsweise nur Wörter einer bestimmten Wortart zugelassen werden (Verben, Substantive, Adjektive etc.).

Steht eine Doppelstunde zur Verfügung, können die Schüler aus den Wörtern einen Dialog gestalten und diesen szenisch interpretieren.

Juliane Stubenrauch-Böhme: Die schnelle Stunde Französisch

La bataille navale

Beispiel:

	A	B	C	D	E	F	G	H	I	J	K	L
1		r	a	p	i	d	e					
2												
3		o										
4		r				v	o	i	t	u	r	e
5		a										
6		n										
7		g										
8		e										
9												

	A	B	C	D	E	F	G	H	I	J	K	L
1												
2												
3						x		p	è	r	e	
4												
5												
6												
7								x				
8												
9												

eigenes Spielfeld

Spielfeld des Partners

	A	B	C	D	E	F	G	H	I	J	K	L
1												
2												
3												
4												
5												
6												
7												
8												
9												

	A	B	C	D	E	F	G	H	I	J	K	L
1												
2												
3												
4												
5												
6												
7												
8												
9												

	A	B	C	D	E	F	G	H	I	J	K	L
1												
2												
3												
4												
5												
6												
7												
8												
9												

	A	B	C	D	E	F	G	H	I	J	K	L
1												
2												
3												
4												
5												
6												
7												
8												
9												

	A	B	C	D	E	F	G	H	I	J	K	L
1												
2												
3												
4												
5												
6												
7												
8												
9												

	A	B	C	D	E	F	G	H	I	J	K	L
1												
2												
3												
4												
5												
6												
7												
8												
9												

1.3 Faire le portrait de quelqu'un

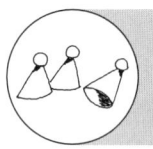 ab 1. Lernjahr

 45 min

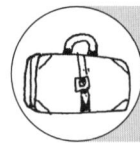 Schülerheft oder Papier, evtl. Abbildungen von Personen

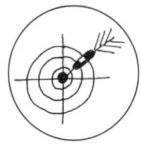 Föderung der mündlichen Ausdrucksfähigkeit

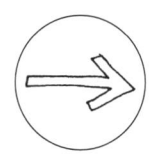 evtl. Papier und Abbildungen von verschiedenen Personen bereitlegen

Zu Beginn der Stunde projiziert die Lehrkraft die Abbildung einer Person oder malt ein Strichmännchen an die Tafel. Im Unterrichtsgespräch werden Kategorien an der Tafel – am günstigsten in Form einer Mindmap – gesammelt, mit deren Hilfe man eine Person beschreiben kann.

Mögliche Kategorien:

âge: onze, douze, treize, quatorze ans ...
ville/village: Strasbourg, Paris, Lyon, Toulouse, Nantes, Nice, Rennes ...
famille: sœur, frère, mère, père, grand-parents, cousins, tantes, oncles ...
animal: un chien, un chat, une souris, un hamster, un canari, un poisson, un cheval ...
sport: le foot, le skate, le ski, le surf, le ping-pong, le basket, le judo, la natation, le tennis, la gymnastique ...
musique: le violon, la batterie, la guitare, le piano, le saxophone ...
spectacles: les films, le cinéma, le théâtre ...
vacances: la montagne, la plage ...

Anschließend fertigt jeder Schüler einen Steckbrief von sich an. Die Steckbriefe werden eingesammelt und gemischt.
Jeder zieht einen Steckbrief und stellt der Reihe nach in vier bis fünf Sätzen den Steckbrief bzw. die Person vor. Die Mitschüler raten, um wen es sich handelt.

 Die Mitschüler stellen Fragen, bis sie erraten, um wessen Steckbrief es sich handelt.

 Die Steckbriefe können im Klassenzimmer aufgehängt werden.

Juliane Stubenrauch-Böhme: Die schnelle Stunde Französisch
© Auer Verlag – AAP Lehrerfachverlage GmbH, Donauwörth

1.4 Quartett

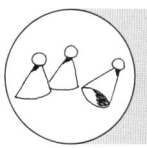 ab 1. Lernjahr

 45 min

 Arbeitsblätter, evtl. Blankokarten

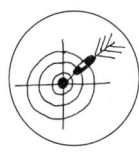 Verbesserung der mündlichen Ausdrucksfähigkeit, Wiederholung und Festigung des Vokabulars

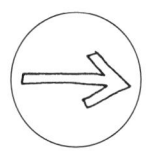 Quartettkarten kopieren und zuschneiden, evtl. Blankokarten bereitlegen

Die Klasse wird in Zweiergruppen aufgeteilt. Jede Gruppe erhält einen Satz Quartettkarten. Dann können die Gruppen anfangen zu spielen. Vorab werden die entsprechenden sprachlichen Strukturen wiederholt:

Tu me passes le / la …, s'il te plaît?
Voilà le / la…

 Nach ein bis zwei Runden kann man Blankokarten an die Schüler verteilen mit der Aufforderung, ein weiteres Set von vier Karten zu erstellen.

 Die Schüler können auch zu viert mit zwei Sätzen Karten spielen.

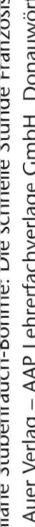

Quartettkarten

Juliane Stubenrauch-Böhme: Die schnelle Stunde Französisch
© Auer Verlag – AAP Lehrerfachverlage GmbH, Donauwörth

1.5 Se présenter en poème

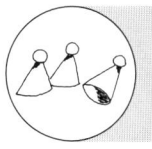
ab 1. Lernjahr

45 min

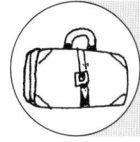
Folie für Overheadprojektor mit Beispielgedicht, evtl. (zweisprachige) Wörterbücher

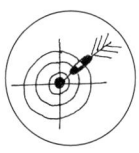
Spielerischer Umgang mit Französisch, Freude am Sprechen und Schreiben auf Französisch, über sich als Person sprechen können

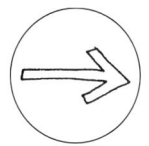
Folie für Overheadprojektor mit Beispielgedicht, evtl. (zweisprachige) Wörterbücher bereitlegen

Der Lehrer präsentiert das Beispielgedicht auf Folie. Die Schüler erhalten dann den Arbeitsauftrag, über sich selbst nach dem Muster des Beispielgedichts ein Gedicht zu schreiben, in dem sie sich beschreiben (*Présente-toi dans un poème. Tu peux te servir des dictionnaires.*).
Nach zwanzig Minuten Arbeitszeit hängen die Schüler ihre Gedichte an die Wand. Alle Gedichte können nun in einem *Gallery walk* gelesen werden. Die Schüler, die möchten, können ihre Gedichte im Plenum vortragen.

Ist genügend Zeit vorhanden, können die Schüler aufgefordert werden, ihre Gedichte zu illustrieren.

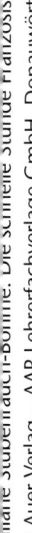

Beispielgedicht

Moi en poème

prénom	*Carolin*
trois traits de caractère	*curieuse, sincère, un peu chaotique*
amie de	*amie de Nele*
sœur de	*sœur de Konstantin*
qui aime (trois choses)	*qui aime le soleil, les vacances, la mer,*
qui déteste	*qui déteste le sport,*
qui adore manger	*qui adore manger des carottes*
qui a besoin de	*qui a besoin de calme,*
qui a peur de	*qui a peur des araignées,*
qui aimerait voir	*qui aimerait voir Lyon*
nom	*Stroth*

Juliane Stubenrauch-Böhme: Die schnelle Stunde Französisch
© Auer Verlag – AAP Lehrerfachverlage GmbH, Donauwörth

1.6 Le jeu du bac

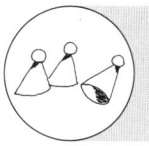 ab 1. Lernjahr

 45 min

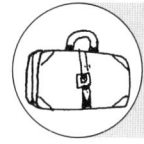 Schülerheft oder Papier

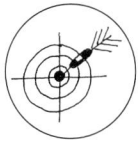 Aktivierung bekannten Wortschatzes

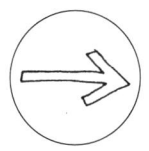 evtl. Papier bereitlegen

Die Klasse wird in mehrere Gruppen eingeteilt. Jeder Schüler versieht sein Blatt Papier mit Spalten entsprechend der festgelegten Kategorien. Anschließend wird die Anzahl der Spielrunden festgelegt. Auf ein Zeichen hin beginnt jede Gruppe mit dem Spiel. Ein Spieler sagt laut „A" und buchstabiert danach lautlos das Alphabet, bis ein anderer laut „Stopp" ruft. Der Buchstabe wird genannt und alle notieren möglichst schnell Begriffe unter den einzelnen Kategorien, die mit diesem Buchstaben beginnen.
Wer als Erster fertig ist, ruft „Stopp". Alle müssen ihre Stifte weglegen und ihre Antworten vorlesen.

Punkteverteilung:
Nennt ein Spieler eine Antwort, die sonst keiner hat, erhält er 10 Punkte.
Für eine Antwort, die mehrere Spieler nennen, erzielt man 5 Punkte.
Kann nur ein Spieler eine Antwort nennen, erhält er 20 Punkte.
Jeder Spieler notiert seine Punkte auf seiner Liste.
Sieger in der jeweiligen Gruppe ist der Spieler, der die meisten Punkte erzielt hat.
Zur Ermittlung des Klassensiegers treten die Gewinner der verschiedenen Gruppen gegeneinander an.

 Die ganze Klasse kann auch gemeinsam spielen. Pro Runde kann eine bestimmte Zeitspanne festgelegt werden, damit die Schüler sich um ausgefallenere Antworten bemühen können, um möglichst viele Punkte zu erzielen.
Die Schüler müssen selbst Kategorien aus dem Französischunterricht finden.

 ### Mögliche Kategorien (mit Beispiel):

verbe	substantif	adjectif	
manger	un moulin	mauvais	
pays	**profession**	**ville**	**personne**
Le Portugal	un professeur	Poitiers	Platini
lieu	**activité**	**objet**	**nourriture**
une maison	manger	une médaille	la marmelade

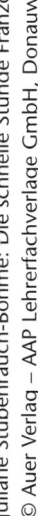

2.1 L'alphabet

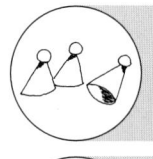 ab 2. Lernjahr

 45 min

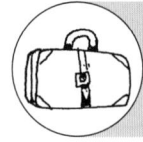 Schülerheft oder Papier

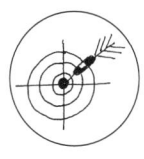 Sammeln bzw. Reaktivieren von bekanntem Vokabular

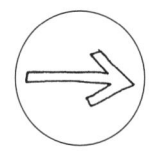 evtl. Karteikarten und Papier bereitlegen

Die Schüler notieren das Alphabet (ohne die Buchstaben H, K, Q, W, X, Y, Z) in ihre Hefte und lassen hinter jedem Buchstaben ausreichend Platz.

Der Lehrer fordert die Schüler auf, zu jedem Buchstaben des Alphabets ein Adjektiv zu notieren, das mit diesem Buchstaben beginnt. Selbstverständlich können die Schüler auch mehr als ein Adjektiv zu einem Buchstaben notieren.

Nach einigen Minuten erstellt die Lehrkraft auf Zuruf der Schüler ein Adjektiv-Abc an der Tafel.

In Gruppen von vier bis sechs sollen die Schüler nun fünf bis acht Adjektive auswählen und diese in ihrem „Wunschhoroskop" für die nächste Woche verwenden.

Die Gruppen tragen im Plenum ihre Texte vor.

 In leistungsstärkeren Klassen oder in späteren Lernjahren können auch noch Antonyme an der Tafel gesammelt werden.

 Das Abc kann auch zu einem bestimmten Themenbereich erstellt werden (z. B. *environnement*, *vêtements*, *manger et boire*). In diesem Fall sollte die Einschränkung auf die Wortart Adjektive entfallen.

Juliane Stubenrauch-Böhme: Die schnelle Stunde Französisch
© Auer Verlag – AAP Lehrerfachverlage GmbH, Donauwörth

2.2 Domino

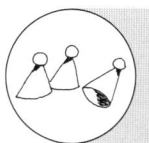
ab 2. Lernjahr

45 – 90 min

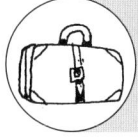
Dominokärtchen, evtl. Blankokarten

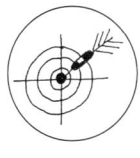
Verbesserung der mündlichen Ausdrucksfähigkeit, Einüben des Imperativs

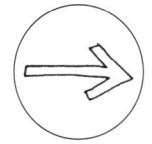
Dominokärtchen kopieren und zuschneiden, evtl. Blankokarten bereitlegen

Die Schüler werden in Gruppen zu ca. fünf Personen aufgeteilt. Jeder Schüler erhält einen Satz Dominokärtchen. Eines der Dominokärtchen wird in die Mitte gelegt. Der Reihe nach legen die Schüler nun jeweils ein passendes Dominokärtchen an: An einen Satz muss ein Dominokärtchen mit einem passenden Pronomen angelegt werden und an ein Pronomenkärtchen ein Kärtchen mit einem passenden Satz. Dabei muss durch die Verwendung eines bejahten oder verneinten Imperativs mit Pronomen der Inhalt des jeweiligen Satzes, an den angelegt wird, wiedergegeben werden (z. B.: *Il faut informer ton prof.* Kärtchen mit le: *Informe-le* oder *Informez-le.*).

Wenn derjenige, der an der Reihe ist, die Imperativform nicht richtig bildet, darf er sein Kärtchen nicht anlegen. Die Mitschüler nennen dabei den richtigen Satz.

An manche Kärtchen kann man zwei Pronomen anlegen, damit man – je nach den Kärtchen, die man besitzt – wählen kann, welches man anlegt.

Gewonnen hat, wer alle Kärtchen angelegt oder die wenigsten Kärtchen übrig hat, wenn keiner mehr anlegen kann.

Nach ein bis zwei Runden kann man Blankokärtchen an die Schüler verteilen, damit sie sich weitere Beispiele ausdenken.

Es ist sinnvoll, die Kärtchen zu laminieren, damit sie länger verwendbar bleiben.

Dominokärtchen

la	Tu peux m'emmener chez le médecin.

les	Il ne faut pas perdre cette adresse.

lui	Vous devriez acheter ces valises.

l(a)	Il faut informer ton prof.

moi	Il ne faut pas laisser ta voiture à ta copine.

lui	Vous devriez consulter un spécialiste.

le	Tu devrais donner cet objet à Martine.

les	Vous ne devriez pas critiquer le chef.

lui	Il ne faut pas perdre ses lunettes.

le	Tu devrais recommander ce livre à tes amis.

les	Il faut interdire à ton ami de commettre cette bêtise.

la	Vous ne devriez pas manger ce repas.

le	Il faut appeler la police.

le	Tu ne devrais pas offrir à Cathérine cette rose.

Juliane Stubenrauch-Böhme: Die schnelle Stunde Französisch
© Auer Verlag – AAP Lehrerfachverlage GmbH, Donauwörth

Dominokärtchen

leur	Tu dois appeler le secrétariat de ton école quand tu es malade.
lui	Il faut déposer ces cartons chez Thomas.
leur	Il faut faire une promenade.
toi	Il faut attendre le médecin.
les	Il faut boire un verre de lait.
le	Il ne faut pas déranger ton frère quand il travaille.
leur	Il ne faut jamais perdre sa carte bancaire.
les	Il ne faut pas toujours aider sa mère.
la	Il faut faire confiance aux parents.
les	Il faut donner ces livres aux enfants.
moi	Il faut appeler les pompiers au cas d'un incendie.
lui	Tu devrais offrir un cadeau à Martine.
l(a)	Il faut conseiller au malade de prendre une aspirine.
le	Il faut prendre une tasse de café le matin.

2.3 Memory®

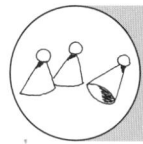
ab 2. Lernjahr
(je nach inhaltlicher Füllung)

45 min

Memory®-Karten,
evtl. Blankokarten

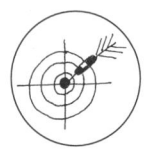
Wiederholung und Festigung von Vokabeln

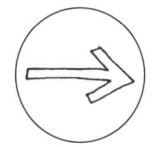
Memory®-Vorlagen kopieren und Karten zuschneiden, evtl. Blankokarten bereitlegen

Zunächst werden Kleingruppen zu je vier Schülern gebildet und jede Gruppe erhält einen Satz Memory®-Karten.

Die Karten werden mit dem Rücken nach oben auf den Tisch gelegt und vermischt. Der erste Spieler wählt eine Karte aus, die er aufdeckt. Er sucht das passende Gegenstück, darf aber nur eine weitere Karte umdrehen. Findet er die passende Karte auf Anhieb, kann er das Paar behalten. Deckt er eine falsche auf, kommt der nächste Spieler an die Reihe. Die Mitspieler kontrollieren, dass auch immer nur zwei passende Karten behalten werden. Im Zweifelsfall wird der Lehrer um Rat gefragt.

Gewonnen hat, wer die meisten Kartenpaare gefunden hat.

Die Schüler können im Anschluss an das Spiel weitere Memory®-Karten zu anderen Grammatikbereichen oder Wortfeldern erarbeiten.

Man kann die Schüler auffordern, zu den gewonnenen Memory®-Karten eine kurze Geschichte zu schreiben oder zu erzählen. Es können auch zwei Schüler mit ihren Memory®-Karten einen Dialog verfassen.

Will man die Karten häufiger einsetzen, empfiehlt es sich, sie zu laminieren.

Juliane Stubenrauch-Böhme: Die schnelle Stunde Französisch
© Auer Verlag – AAP Lehrerfachverlage GmbH, Donauwörth

Memory®-Karten

une affiche	Plakat/Poster	à propos	übrigens
la table	Tisch	sous	unter
dessiner	zeichnen	un escalier	Treppe
maintenant	jetzt	dimanche	Sonntag
le livre	Buch	la guitare	Gitarre
la poubelle	Mülleimer	la fête	Fest
la cour	Hof	encore	noch / schon wieder
facile	leicht	Pardon!	Entschuldigung!
compter qc	etw. zählen	fou, folle	verrückt
le groupe	Gruppe	oublier	vergessen
un animal	Tier	dehors	draußen
le vent	Wind	le foot	Fußball
le métier	Beruf	Pourquoi pas?	Warum nicht?
le cinéma	Kino	le portable	Handy
Fais attention!	Pass auf!	par cœur	auswendig
tout de suite	sofort	en classe	im Unterricht
A demain!	Bis morgen!	pendant	während

2.4 Tabu

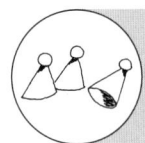
ab 2. Lernjahr

45 min

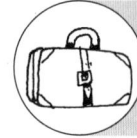
Karten mit jeweils zu erklärendem Wort (hervorgehoben) und den Tabu-Wörtern, evtl. Blankokarten

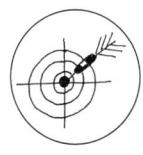
schlüssiges und präzises Beschreiben, Aktivierung vorhandenen Wortschatzes

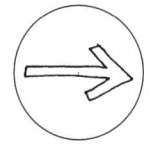
Vorlage kopieren und Tabu-Karten zuschneiden, evtl. Blankokarten bereitlegen

Die Schüler werden in zwei Gruppen aufgeteilt, die gegeneinander spielen. Ein Schüler zieht eine Karte und versucht, seinem Team den hervorgehobenen Begriff zu erklären, ohne die darunterstehenden Tabu-Wörter oder den Begriff selbst zu benutzen. Ein Spieler der anderen Gruppe kontrolliert, ob keines der aufgelisteten Wörter benutzt wird. Wird ein Tabu-Begriff verwendet, muss ein anderer Begriff erklärt werden. (Es kann für jedes verwendete Tabu-Wort ein Punkt abgezogen werden.) Für jeden erratenen Begriff erhält das Team einen Punkt. Kann das entsprechende Team den erklärten Begriff nicht erraten, erhält das andere Team den Punkt.
Nach einer Minute darf das andere Team erklären und raten.
Nach einer ersten Runde kann man die Schüler weitere Tabu-Karten zu einem bestimmten Thema erstellen lassen.

Man kann das Spiel noch abwechslungsreicher gestalten, wenn man statt der Tabu-Wörter auf manche Karten die Anweisungen *Joue!* oder *Dessine!* schreibt.
Mehr Dynamik erhält man, wenn man die Begriffe paarweise von zwei Mitgliedern aus den unterschiedlichen Gruppen erklären lässt: Die beiden Spieler nennen jeweils abwechselnd einen erklärenden Satz. Die Gruppe des Schülers, der den Begriff errät, erhält einen Punkt.
Den Schwierigkeitsgrad kann man mit der Anzahl der Tabu-Wörter variieren. Je mehr Begriffe vermieden werden müssen, desto schwieriger wird die Erklärung.

Die Schüler können aufgefordert werden, als Hausaufgabe Tabu-Karten zum neuen Wortschatz oder zu einem bestimmten Themengebiet zu erstellen.

Juliane Stubenrauch-Böhme: Die schnelle Stunde Französisch
© Auer Verlag – AAP Lehrerfachverlage GmbH, Donauwörth

Tabu-Karten

un SDF	saluer qn	la maison	le dimanche
un sans-abri la rue la maison	dire bonjour rencontrer	vivre le bâtiment la chambre	le weekend libre la semaine
la jambe	**répondre**	**l'école**	**le cinéma**
le bras le corps marcher	la question dire demander qc à qn	un/e élève la classe le prof	le film la télé le pop-corn
une armoire	**le portable**	**le renseignement**	**perdre**
le meuble les vêtements le bois	le message (sms) téléphoner parler	le téléphone demander expliquer	chercher trouver une chose
un/e ami/e	**le restaurant**	**Paris**	**l'avion**
l'amitié un ennemi la famille	le garçon manger/boire le bar	la capitale la France la tour Eiffel	l'hôtesse de l'air les vacances le voyage
les vacances	**la plage**	**le livre**	**le temps**
le voyage l'été l'école	la mer l'eau le sable	la littérature lire la page	le soleil la pluie le vent
le parfum	**l'université**	**la démocratie**	**le poisson**
le nez l'odeur sentir	les études le professeur un/e étudiant/e	la politique l'État les élections	nager l'eau la pêche
un souci	**lutter pour**	**la prison**	**la détresse**
la préoccupation s'occuper de le problème	combattre qc la guerre un ennemi	le crime sortir enfermé	la misère le malheur désespérer

2.5 Photo-histoire

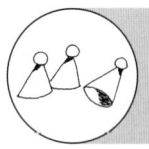 ab 2. Lernjahr

 45 min

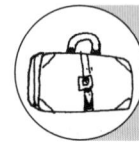 verschiedene Fotos, Fragekärtchen

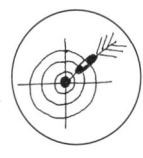 Förderung und Schulung der mündlichen und schriftlichen Ausdrucksfähigkeit

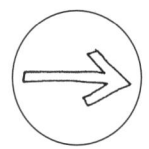 Fotos auf OHP-Folie kopieren, Fragestellungen kopieren und in Kärtchen schneiden

Der Lehrer präsentiert der Klasse verschiedene Fotos. Die Schüler beschreiben zunächst, was auf den Fotos zu sehen ist. In einem zweiten Schritt überlegen sich die Schüler, was die Personen auf den Bildern in diesem Moment fühlen und denken könnten.

Anschließend wird die Klasse in Gruppen zu drei bis vier Schülern aufgeteilt. Jede der Gruppen zieht nun ein Kärtchen, auf dem eine Frage steht. Diese Frage sollen die Gruppen nun in den folgenden 15 Minuten gemeinsam schriftlich beantworten.

Jede Gruppe präsentiert nach dem Ende der Arbeitszeit ihr Ergebnis.

Steht noch Zeit zur Verfügung, können die einzelnen Gruppen ihre Geschichten austauschen und diese entweder in sprachlicher Hinsicht überarbeiten oder umschreiben bzw. weiterschreiben.

 Man kann den Schülern die sprachlichen Mittel vorgeben, die sie beim Verfassen der Texte verwenden sollen (z. B. *Utilisez l' imparfait, le passé composé et le plus-que-parfait, 3 x le subjonctif et au moins 2 x le discours direct.*).

 Anstelle der Fragekärtchen können die Schüler auch den Arbeitsauftrag erhalten, sich sowohl die Vorgeschichte als auch den nachfolgenden Tagesablauf zu den jeweiligen Fotos auszudenken.

Juliane Stubenrauch-Böhme: Die schnelle Stunde Französisch
© Auer Verlag – AAP Lehrerfachverlage GmbH, Donauwörth

Photos

Fragekärtchen

Décrivez une journée de la personne.	Qu'est-ce qui s'est passé une heure plus tôt?	Qu'est-ce qui va se passer une heure plus tard?	Qu'est-ce que la personne pense, entend et sent?
Pourquoi cette personne est-elle là?	Caractérisez le meilleur ami de cette personne.	Que va faire la personne dans deux heures?	Quinze ans plus tard, au même endroit, la même personne. Décrivez la situation.
Quinze ans plus tard, la même personne. Décrivez la vie de cette personne.	Décrivez trois événements dans la vie de cette personne.	Imaginez le dialogue entre cette personne et un/e passant/e.	Décrivez les hobbys de cette personne.
Décrivez trois choses que cette personne déteste et dites pourquoi.	Décrivez trois choses que cette personne adore et dites pourquoi.	Décrivez les dernières vacances que cette personne a passées.	Décrivez deux choses dont cette personne rêve.

Juliane Stubenrauch-Böhme: Die schnelle Stunde Französisch
© Auer Verlag – AAP Lehrerfachverlage GmbH, Donauwörth

2.6 Jouons au foot!

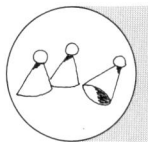

ab 2. Lernjahr

45 min

Fußballfeld auf Folie, eine Spielfigur, Fragekärtchen

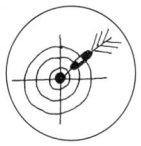

Wiederholung bekannten Wortschatzes, grammatischer Strukturen und landeskundlicher Inhalte

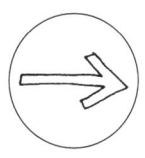

Fußballfeld auf OHP-Folie kopieren, Fragestellungen kopieren und in Kärtchen schneiden, Spielfigur bereitlegen

Die Klasse wird in zwei Teams geteilt, die gegeneinander spielen. Der Lehrer stellt eine Frage und die Gruppe, die die richtige Antwort zuerst nennt, rückt die Spielfigur eine Position weiter in Richtung auf das gegnerische Tor. Ausgangspunkt ist der Mittelpunkt des Spielfeldes im Anstoßkreis. Die einzelnen Positionen sind mit Kreuzen bzw. Dreiecken markiert.

Nennt bei der nächsten Frage die andere Gruppe die richtige Antwort zuerst, wird die Spielfigur wieder in die andere Richtung bewegt. Wenn die Spielfigur das Tor erreicht, zählt das als Tor. Gewonnen hat, wer die meisten Tore geschossen hat.

Der Lehrer kann Fragestellungen auf verschiedenen Schwierigkeitsniveaus vorbereiten. Die Kärtchen sollten dann auf verschiedenfarbiges Papier kopiert werden. Je nach Schwierigkeitsgrad der Frage kann dann die Spielfigur bei richtiger Antwort um einen, zwei oder drei Züge auf dem Spielfeld vorgerückt werden.

Nach ein bis zwei Durchgängen kann das Spiel auch in Zweierteams gespielt werden. Die Schüler können auch aufgefordert werden, sich selbst zum aktuellen Lernstoff Fragen und die entsprechenden Antworten auszudenken.

-- *hier umknicken* --

Lösungen

1. accueilli, e
2. p. ex. un pantalon, une jupe, une chemise
3. p. ex. une pomme, une fraise, une pêche, une framboise, une poire
4. p. ex. une carotte, des haricots verts, une pomme de terre
5. mort, e
6. p. ex. la tour Eiffel, l'Arc de triomphe, le Louvre
7. que tu fasses
8. qu'il / elle aille

9. Ce sont les Bleus.
10. C'est un ballon.
11. p. ex. la Belgique, la Suisse, le Québec
12. p. ex. la Seine, La Loire, le Rhône
13. p. ex. Paris, Strasbourg, Lyon, Bordeaux, Nantes
14. p. ex. la Provence, la Bretagne, l'Alsace
15. p. ex. un chien, un chat, une souris, un serpent, un cheval
16. je craignais

17. je résous
18. qu'ils / elles écrivent
19. la haine
20. le lieu
21. l'enfer (m.)
22. amusant, e
23. le type
24. André Gide, Albert Camus
25. C'était Louis XIV.

Fußballfeld

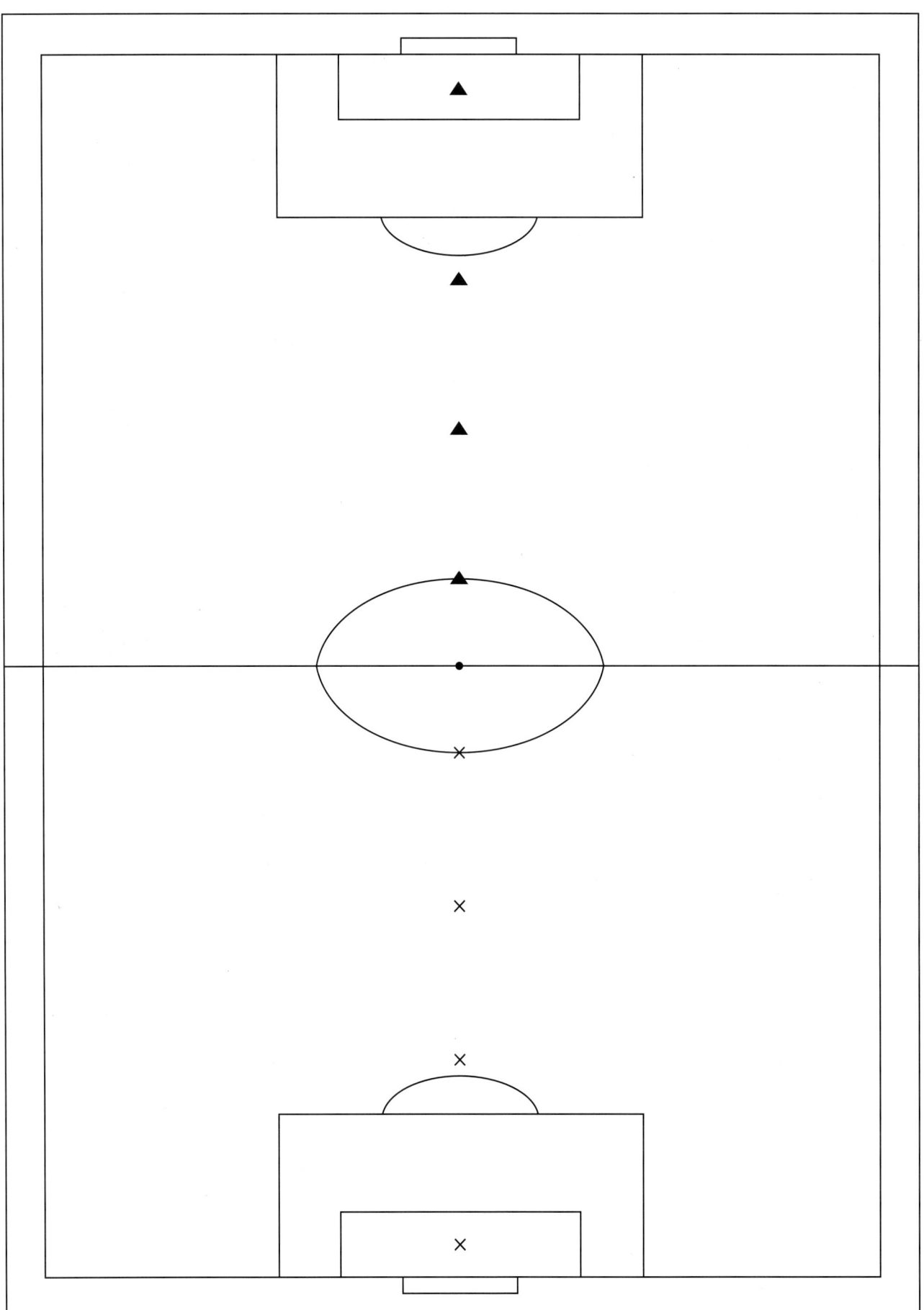

Fragekärtchen

1. Le participe du verbe *accueillir*

2. Nommez trois vêtements.

3. Nommez cinq fruits.

4. Nommez trois légumes.

5. Le participe du verbe *mourir*

6. Nommez trois lieux touristiques à Paris.

7. 2e p. sg. subjonctif du verbe *faire*

8. 3e p sg. subjonctif du verbe *aller*

9. Comment s'appelle l'équipe de foot nationale française?

10. On joue au foot avec cela et c'est rond.

11. Nommez trois pays francophones.

12. Nommez trois fleuves français.

13. Nommez cinq villes françaises.

14. Nommez trois régions françaises.

15. Nommez cinq animaux.

16. 1er p. sg. imparfait du verbe *craindre*

17. 1er p. sg. présent du verbe *résoudre*

18. 3e p. pl. subjonctif du verbe *écrire*

19. L'antonyme du mot *amour*

20. Un synonyme du mot *endroit*

21. L'antonyme du mot *paradis*

22. Un synonyme du mot *drôle*

23. Un synonyme du mot *mec*

24. Nommez deux écrivains français.

25. Lequel des rois français était le «roi soleil»?

2.1 Que des histoires!

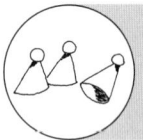
ab 2. Lernjahr

45–90 min

Schülerheft oder Papier,
evtl. Schulbuch

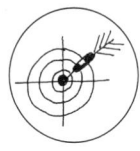
Verbesserung der schriftlichen Ausdrucksfähigkeit, Freude am kreativen Schreiben

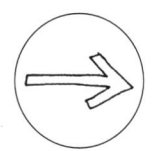
evtl. Papier bereitlegen

Die Schüler werden in Gruppen zu vier bis fünf Schülern eingeteilt. Die Schüler sollen nun gemeinsam eine Geschichte zu folgenden Reizwörtern schreiben, die der Lehrer an der Tafel notiert:

soudain	un parc	dormir	froid	un copain
parler	vite	une maison	un café	un chien
le métro	regarder	un sac	trouver	l'eau

Für das Verfassen der Geschichte gelten folgende Regeln:

Vous pouvez choisir une image d'un de vos manuels pour vous inspirer.
C'est toujours un élève qui écrit.
Après trois minutes, il passe le stylo au prochain qui continue l'histoire etc.
Chacun doit utiliser un des mots du tableau.

Insgesamt sollte jeder Schüler mindestens zweimal an der Reihe gewesen sein.
Die verschiedenen Schülergruppen präsentieren ihre Geschichten im Plenum. Alternativ können sich die Gruppen gegenseitig ihre Geschichten vortragen.

Steht eine Doppelstunde zur Verfügung, können die Schülergruppen zu einzelnen Szenen ihrer Geschichten Standbilder bauen.

Fotografiert man die Standbilder, kann man die Fotos im Klassenzimmer aufhängen oder im Computerraum digital bearbeiten lassen. Mit den Fotos können die Schüler z. B. mithilfe einer Präsentationssoftware einen Fotoroman erstellen.

Juliane Stubenrauch-Böhme: Die schnelle Stunde Französisch
© Auer Verlag – AAP Lehrerfachverlage GmbH, Donauwörth

2.8 Aussprachübungen und freier Vortrag

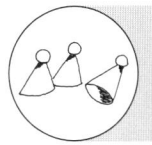
ab 2. Lernjahr

45–90 min

Folie für Overheadprojektor, Karten mit Sprechvorgaben, Karten für spontanen Vortrag, Schülerheft, evtl. Korken, beliebiger Text aus dem Lehrbuch

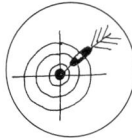
Schulung der Aussprache, Sensibilisierung für gezielten Stimmeinsatz, spontanes Sprechen

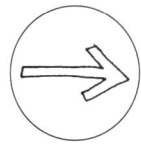
Zungenbrecher auf OHP-Folie kopieren, Textausschnitt aus Lehrbuch, Karten mit Sprechvorgaben und Karten für spontanen Vortrag (*monologue-minute*) kopieren und zuschneiden, evtl. Lehrbuch bereitlegen

Als Einstieg in die Stunde legt der Lehrer eine Folie mit einem oder mehreren Zungenbrechern auf oder schreibt sie an die Tafel. Die Schüler erhalten einige Minuten Zeit, den Vortrag eines Zungenbrechers einzuüben, bevor einzelne Schüler versuchen, „ihren" Zungenbrecher möglichst schnell und fehlerfrei aufzusagen.

Im Anschluss wird mittels eines Brainstormings im Plenum gesammelt und an der Tafel festgehalten, worauf man als Redner bei einem Vortrag achten sollte: z. B. *Regardez le public*; *Parlez fort*; *Faites des phrases courtes et claires* etc.

Um die Schüler für den Zusammenhang von Stimme und nonverbalen Signalen wie Aussprache / Stimmeinsatz / Körpersprache / Körperhaltung / Gestik / Blickkontakt zu sensibilisieren und die gesammelten Aspekte einzuüben, bietet sich folgende Übung an:

Es wird ein bestimmter Text oder Textabschnitt im Lehrwerk festgelegt, der vorgetragen werden soll. Die Schüler erhalten dafür den Auftrag, bestimmte Redner und Arten des Sprechens zu imitieren. Die Schüler ziehen nun eines der Kärtchen, auf denen jeweils vermerkt ist, auf welche Art und Weise sie den Text vortragen sollen. Die Klasse muss erraten, um welche Personenvorgabe es sich handelt. Die Lehrkraft kann zur besseren Illustration auch den Textabschnitt als eine der aufgeführten Personen lesen und die Klasse errät die Personenvorgabe.

Falls noch genügend Zeit zur Verfügung steht, können die Schüler noch einen Kurzvortrag (einen *monologue-minute*) vorbereiten und präsentieren.

Die Schüler können auch aufgefordert werden, ähnlich klingende Wörter zu finden und eigene Zungenbrecher zu erfinden.

Bei einzelnen Übungen können die Schüler zur Schulung einer genauen Aussprache Korken zwischen die Zähne klemmen und dann den Textausschnitt vortragen.

Karten mit Sprechvorgaben

Lisez le texte comme une personne qui est amoureuse.	Lisez le texte comme une personne qui est furieuse.
Lisez le texte comme une personne qui est très triste.	Lisez le texte comme un enfant qui a peur.
Lisez le texte comme un politicien.	Lisez le texte comme un prof qui explique qc à ses élèves.
Lisez le texte comme qn qui veut absolument vendre qc.	Lisez le texte comme un prêtre.
Lisez le texte comme un type qui se croit très cool.	

Virelangues

1. *Ton thé a-t-il ôté ta toux?*
2. *Si six scies scient six cyprès six cent scies scient six cent six cyprès.*
3. *Le bébé baobab obéit au boa.*
4. *Un chasseur sachant chasser sans son chien est un bon chasseur.*
5. *Ma maman ment, mais mémé m'aime.*
6. *A l'île au lila le loup lit la loi.*
7. *Trois tortues trottaient sur trois étroits toits; trottant sur trois étroits toits trottaient trois tortues trottant.*
8. *Si mon tonton tond ton tonton, ton tonton tondu sera.*
9. *Que lit Lili sous ses lilas-là? Elle lit l'Illiade.*

Juliane Stubenrauch-Böhme: Die schnelle Stunde Französisch
© Auer Verlag – AAP Lehrerfachverlage GmbH, Donauwörth

Monologue-minute

Jeder der Schüler zieht eine Themenkarte. Die Schüler erhalten fünf Minuten Zeit, um sich Gedanken und Stichpunkte zu diesem Thema zu machen. Anschließend halten einige der Schüler eine ein bis zwei Minuten lange Rede zu dem angegebenen Stichwort unter Berücksichtigung der zuvor erarbeiteten Aspekte.
Die Mitschüler geben Feedback.

La Provence	Ton hobby	Les amis	L'école
La piscine	La famille	Le temps libre	L'internet
Les devoirs	La musique	L'amour	La mer et la plage
Demain	L'été	Ton plat préféré	Le travail
Les parents	Être en retard	Les vacances	Une rencontre
Le stress	L'ordinateur	Un échange	L'environnement
La banlieue	Ton sport préféré	Un voyage	Le petit-déjeuner
Le cinéma	La télé	Le week-end	Ta ville / Ton village

Juliane Stubenrauch-Böhme: Die schnelle Stunde Französisch
© Auer Verlag – AAP Lehrerfachverlage GmbH, Donauwörth

3.1 Connaissez-vous bien la France?

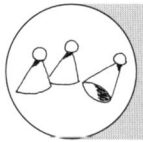
ab 3. Lernjahr

45–90 min

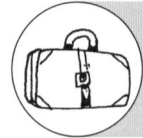
Folie für Overheadprojektor mit Fotos von Frankreich und Deutschland, Kopien des Quiz, Schülerheft

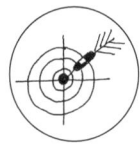
Überprüfung des (Vor-)Wissens der Schüler zu Frankreich, Gespräch über Geschichte und Kultur Frankreichs

Fotos auf OHP-Folie kopieren, Quiz kopieren

Zu Beginn der Stunde präsentiert der Lehrer auf Folie zwei oder mehr Bilder, auf denen sich ein Hinweis verbirgt, ob das Foto in Frankreich oder in Deutschland aufgenommen wurde. Die Schüler müssen nun die Bilder beschreiben und entscheiden, wo sie gemacht wurden. Auf diese Weise kann bereits eruiert werden, über wie viel Hintergrundwissen die Schüler verfügen.

Im Anschluss wird das Frankreich-Quiz bearbeitet. Wenn der Lehrkraft kleine Gewinne zur Verfügung stehen, kann das Quiz als Preisrätsel gestaltet werden. Die Klasse wird dann in kleine Gruppen aufgeteilt, die gegeneinander antreten.

Nach Auswertung des Quiz können die neu erworbenen Kenntnisse im Rahmen eines „Landeskunde-Abc" angewendet werden. Dazu notieren die Schüler das Abc in ihre Hefte und lassen hinter jedem Buchstaben ausreichend Platz für einen Begriff. Auf ein Signal hin notieren die Schüler nun zu jedem Buchstaben einen Begriff, den sie mit Frankreich assoziieren. Die Ergebnisse werden im Plenum präsentiert und diskutiert.

Es bietet sich auch ein Gespräch zu Stereotypen an oder eine Diskussion darüber, wodurch das Bild eines Landes geprägt wird.

Steht genügend Zeit zur Verfügung, können sich die Schüler Dialoge ausdenken, die an den Orten des Quiz oder an den Orten der zum Einstieg verwendeten Bilder stattfinden könnten.

--- *hier umknicken* --

Lösung:

1b, 2c, 3a, 4b, 5a, 6c, 7c, 8c, 9b, 10c, 11a, 12a, 13a, 14a

Juliane Stubenrauch-Böhme: Die schnelle Stunde Französisch
© Auer Verlag – AAP Lehrerfachverlage GmbH, Donauwörth

En France ou en Allemagne?

Quiz – Connaissez-vous bien la France?

1. Comment s'appelle la capitale de la France?

   a) Port Louis
   b) Paris
   c) Lyon

2. Comment s'appelle l'hymne de la France?

   a) La Parisienne
   b) La Toulousaine
   c) La Marseillaise

3. En Bourgogne on mange souvent

   a) le coq au vin.
   b) des fruits de mer.
   c) les bouchées à la reine.

4. La région métropolitaine la moins peuplée, c'est

   a) l'île-de-France.
   b) le Limousin.
   c) la région Rhône-Alpes.

5. Madame Bovary est

   a) un personnage de roman.
   b) un auteur féministe.
   c) une chanteuse.

6. Ce jour-là, toutes les blagues sont permises! C'est

   a) le 1er mai.
   b) la Toussaint.
   c) le 1er avril.

7. Les porcelaines françaises les plus connues sont fabriquées à

   a) Bordeaux.
   b) Reims.
   c) Limoges.

8. Qu'est-ce qu'un «plat de résistance»?

   a) un chat de race
   b) un clown
   c) ce qu'on mange après l'entrée et avant le dessert

9. La capitale française du surf est

   a) Deauville.
   b) Biarritz.
   c) Quimper.

10. Ce type de musique, d'origine arabe, qui est à la mode, c'est

    a) le jazz.
    b) le rap.
    c) le raï.

11. Lequel de ces peintres n'est pas cubiste?

    a) Edgar Degas
    b) Pablo Picasso
    c) Georges Braque

12. Depuis quand est-ce qu'on vend en France de l'eau minérale en bouteille?

    a) Depuis le 20ème siècle.
    b) Depuis le 18ème siècle.
    c) Depuis le 19ème siècle.

13. Qu'est-ce qu'on dit quand on est rassasié?

    a) «Je n'ai plus faim.»
    b) «Je n'en peux plus.»
    c) «Je suis plein.»

14. Le président français est élu pour

    a) 4 ans.
    b) 3 ans.
    c) 5 ans.

Juliane Stubenrauch-Böhme: Die schnelle Stunde Französisch
© Auer Verlag – AAP Lehrerfachverlage GmbH. Donauwörth

3.2 Jeux de rôle

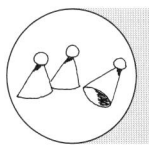 ab 3. Lernjahr

 45 min

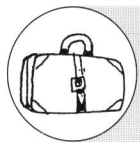 Situationskarten

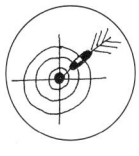 Förderung der mündlichen Ausdrucksfähigkeit

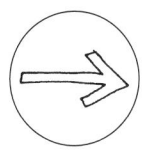 Situationskarten kopieren und zuschneiden

Die Klasse wird in Zweiergruppen geteilt, die jeweils einen Dialog einüben sollen. Dazu verteilt der Lehrer Dialogkarten an die Schüler. Die verschiedenen Dialogkarten können in ein leeres Mäppchen gelegt werden und die Gruppen ziehen jeweils ein Kärtchen.

Die Schüler erhalten fünf Minuten Zeit, um ihre Dialoge vorzubereiten. Die Zweiergruppen üben ihren Dialog ein und einzelne Gruppen präsentieren ihre Dialoge im Unterrichtsgespräch.

Im Anschluss an jeden Dialog empfiehlt es sich, einige in vielen Alltagssituationen hilfreiche Redemittel an der Tafel festzuhalten.

Nach diesem ersten Durchgang können sich die Zweiergruppen neu zusammenfinden und eine neue Situationskarte ziehen.

 Anstelle der Rollenvorgaben kann man auch lediglich den Ort vorgeben, an dem der Dialog, den die Schüler erarbeiten sollen, stattfindet, z. B.:

Au magasin de ski
A la piscine
A la bibliothèque
Au restaurant
Au café
Au cinéma
A la boulangerie
Au camping

 In schwächeren Lerngruppen ist es sinnvoll, gängige Redemittel vorab an der Tafel zu sammeln.

Jeux de rôle

Tu es arrivé(e) plusieurs fois en retard au cours de français.
Aujourd'hui, ton professeur n'est pas du tout content.
Tu discutes avec lui après le cours et tu essaies de te justifier.

L'un de vous joue le professeur, l'autre l'élève.

Tu souhaites organiser chez toi une fête d'adieu pour une camarade de classe.
Tu en discutes avec ta mère / ton père.
Vous n'êtes pas du tout d'accord sur la date, l'heure, le nombre d'invités, le menu.

L'un de vous joue la mère / le père, l'autre la fille / le fils.

En vacances en France, tu as acheté un T-shirt à ton correspondant pour lui faire un cadeau. Mais le T-shirt est trop grand.
Tu retournes au magasin et tu demandes à la vendeuse si tu peux l'échanger.

L'un de vous joue la vendeuse, l'autre la fille / le garçon.

Tu as déménagé et tu n'arrives pas à retrouver ton livre de français. Tu n'as donc pas fait tes devoirs.
Tu vas voir ton professeur pour t'excuser et proposer une solution.

L'un de vous joue le professeur, l'autre l'élève.

Tu es en voyage scolaire et on a volé ton sac.
Tu expliques à ton professeur ce qui s'est passé. Tu lui dis quels objets il y avait dans ton sac.

L'un de vous joue le professeur, l'autre l'élève.

Tes parents ont invité des collègues français avec leurs enfants à dîner. Leur fille est passionnée de sport.
Tu discutes avec elle des sports que tu pratiques. Tu parles aussi de tes équipes et de tes sportifs préférés.

L'un de vous joue la fille française, l'autre la fille / le fils.

Tu passes la journée à Paris avec ta classe. Vous devez faire une enquête sur les transports dans la vie des Parisiens. Ton professeur de français vous a demandé d'interroger un(e) passant(e) dans la rue.
Tu lui poses des questions (transports utilisés, horaires, durée, prix etc.). Tu le / la remercies et il / elle te pose aussi des questions sur ton pays d'origine.

L'un de vous joue l'élève, l'autre le / la passant(e).

Juliane Stubenrauch-Böhme: Die schnelle Stunde Französisch
© Auer Verlag – AAP Lehrerfachverlage GmbH, Donauwörth

3.3 Qu'est-ce que tu ferais?

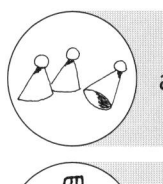
ab 3. Lernjahr

45 min

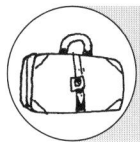
Fragekärtchen

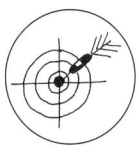
Wiederholung und Festigung der Konditionalsätze

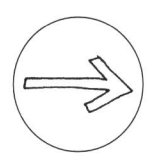
Fragekärtchen kopieren und zuschneiden

Die Klasse wird in Gruppen zu sechs Schülern geteilt. Immer zwei Teams spielen gegeneinander, wobei in jedem Team vier Schüler aktiv spielen und zwei Schüler mit den anderen beiden Schülern des jeweils anderen Teams die Jury bilden, die die Punkte vergibt.

Die Teams erhalten einen Stapel mit Fragekärtchen. Abwechselnd ziehen die Teams eine Karte und ein Schüler beantwortet die Frage. Die Jury bewertet die Antwort des Schülers nach folgendem Schema:

réponse magnifique:	*5 points*
réponse convaincante:	*4 points*
réponse moyenne:	*3 points*
réponse acceptable:	*2 points*
Tu sais faire mieux:	*1 point*

Das Team mit den meisten Punkten hat gewonnen.

Die Schüler können auch, nachdem die jeweilige Frage laut vorgelesen wurde, Vermutungen anstellen, wie ihr Mitschüler die Frage beantworten wird. Bei dieser Spielvariante notieren die Teams ihre Überlegungen in Stichpunkten, bevor der Schüler, der an der Reihe ist, antwortet.

Vor Spielbeginn ist es sinnvoll, die Regeln der Bildung von Konditionalsätzen kurz zu wiederholen.

Fragekärtchen

Si un jour tu pouvais gouverner le monde entier, qu'est-ce que tu ferais?	Si tu possedais un million d'euros, tu ferais quoi avec?
Si tu avais des pouvoirs surnaturels, qu'est-ce que tu ferais?	Qu'est-ce que tu ferais pour impressionner ton prof de maths?
Si tu étais prof, qu'est-ce que tu ferais?	Comment serait le monde idéal pour ta meilleure amie?
Comment serait l'école idéale pour toi?	Que ferait ton copain avec un million d'euros?
Si tu étais proviseur de ton école, qu'est-ce que tu changerais?	Comment serait notre vie sans portables et sans téléphones?
Si tu étais un animal, lequel serais-tu?	Si tu étais président de la France, tu ferais quoi?
Si tu avais une émission de télé, que présenterais-tu?	Si tu avais ton propre zoo, quels animaux aurais-tu?
Si tu avais trois souhaits, qu'est-ce que tu souhaiterais?	Si tu pouvais vivre n'importe où dans le monde, quel endroit est-ce que tu choisirais?
Qu'est-ce que tu ferais avec le numéro de téléphone de Platini?	Qu'est-ce que tu ferais, si tu avais trois mois de vacances?
Quelqu'un t'offre un voyage, dans quel pays voyagerais-tu?	Si tu trouvais un billet de 100 euros qu'est-ce que tu en ferais?

Juliane Stubenrauch-Böhme: Die schnelle Stunde Französisch
© Auer Verlag – AAP Lehrerfachverlage GmbH, Donauwörth

3.4 Apprendre à éviter des fautes

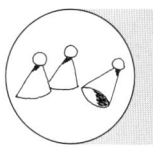 ab 3. Lernjahr

 45 min

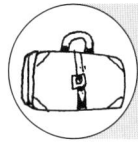 Schülerheft oder Papier, Arbeitsblätter

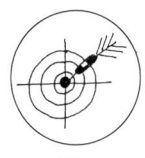 Wiederholung und Festigung des Vokabulars, Verbesserung der schriftlichen Ausdrucksfähigkeit

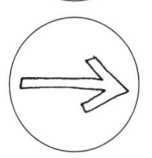 Arbeitsblätter kopieren, evtl. Papier bereitlegen

Die Schüler nennen spontan fünf Wörter und der Lehrer notiert diese an der Tafel. Nun wird die Klasse in fünf Gruppen eingeteilt und jeder Gruppe ein Wort zugeordnet. Innerhalb von fünf Minuten müssen die Gruppen nun zu ihrem Wort weitere, thematisch verwandte Wörter notieren. Nach Ablauf der fünf Minuten schreibt jeweils ein Gruppenmitglied die Wörter an die Tafel.

Mögliches Tafelbild				
les vacances (f.)	*l'école (f.)*	*l'environnement (m.)*	*le travail*	*la campagne*
le soleil	*les copains (m.)*	*un arbre*	*la discrimination*	*la fleur*
la plage	*les études (f.)*	*les animaux (m.)*	*l'argent (m.)*	*le village*
ennuyeux	*apprendre*	*un accident*	*utile*	*le temps*
la montagne	*détester*	*les déchets (m.)*	*à temps plein*	*tranquille*
le ski	*la récréation*	*une usine nucléaire*	*la secrétaire*	*se déplacer*
voler	*intéressant*	*protéger*	*aimer*	*le pré*
relaxer	*travailler*	*important*	*beaucoup*	*bavard*

Die Bedeutung der Wörter wird geklärt, falls einzelnen Schülern Wörter unbekannt sind.
Jeder Schüler schreibt nun eine kleine Geschichte, in der mindestens ein Wort aus den fünf Wortgruppen vorkommt. Im Plenum werden einzelne Geschichten vorgetragen.
Mithilfe des Arbeitsblattes «*Apprendre à éviter des fautes*» beschäftigen sich die Schüler nochmals mit ihren Texten und versuchen, so viele Fehler wie möglich selbst zu verbessern.

 Die Schüler können die Texte auch in Gruppen verfassen und anschließend ihre Texte zum Lesen und zum Korrigieren austauschen.

 Die Schüler können aufgefordert werden, die drei Geschichten zu wählen, die ihnen am besten gefallen.

Juliane Stubenrauch-Böhme: Die schnelle Stunde Französisch
© Auer Verlag – AAP Lehrerfachverlage GmbH, Donauwörth

Apprendre à éviter des fautes

Que faire pour éviter des fautes en français?

Lisez plusieurs fois votre texte en vous concentrant sur les problèmes suivants:

1. Les substantifs

- masculin ou féminin?
- accord avec l'adjectif (masculin/féminin et singulier/pluriel)?

2. Les terminaisons des verbes

- verbe régulier ou irrégulier?
- accord avec le sujet (singulier/pluriel)?
- accord entre le participe passé et le complément d'objet direct des verbes conjugés avec avoir?

3. L'usage de l'article

- article défini, indéfini ou partitif?

4. Les noms des pays et des adjectifs

- attention à l'article et aux prépositions
- noms des habitants: majuscule
- dénomination de la langue: minuscule

5. Les fautes de frappe

- Est-ce que les accents se trouvent à la bonne position?
- Est-ce qu'il y a des lettres qui manquent, surtout à la fin des mots?
- Attention aux espaces, surtout après les signes de ponctuation.

6. L'orthographe

- attention à l'anglais

anglais		_français_
example	vs.	exemple
music	vs.	musique

Juliane Stubenrauch-Böhme: Die schnelle Stunde Französisch
© Auer Verlag – AAP Lehrerfachverlage GmbH, Donauwörth

3.5 Le dictionnaire unilingue

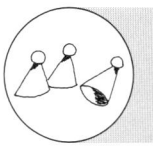

ab 3. Lernjahr

45 min

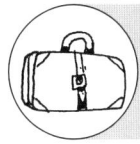

einsprachige Wörterbücher, Arbeitsblätter

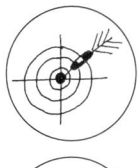

Einführung und Einübung des Umgangs mit dem einsprachigen Wörterbuch

Arbeitsblätter kopieren, einsprachige Wörterbücher bereitlegen

Als Einstieg in die Stunde bietet sich ein anderer Blick auf das Wörterbuch an: Nachdem die Klasse thematisiert hat, wofür und in welchen Situationen ein Wörterbuch benutzt wird, macht der Lehrer den Vorschlag, das Wörterbuch einmal als Ratgeber in schwierigen Lebenslagen zu benutzen. Dazu hält der Lehrer einige solcher Probleme des täglichen Lebens an der Tafel fest:
z. B. *Quoi faire si on est enrhumé?*, *Quoi faire si on a oublié ses devoirs?* …
Nun muss ein Schüler mit geschlossenen Augen das Wörterbuch an einer beliebigen Stelle aufschlagen und mit dem Finger auf irgendeine Stelle tippen. Dieser Eintrag wird laut vorgelesen,
z. B.: *foulard, n. m. 1. Écharpe de soie, de coton …*
Aufgabe der Schüler ist nun, ausgehend von dem vorgelesenen Wörterbucheintrag, einen Rat zu geben, um eines der notierten Probleme zu lösen. So könnte ein Ratschlag bei Erkältung lauten:
Tu restes au lit et en plus, tu mets une écharpe.
Im Anschluss erfolgt eine genauere Auseinandersetzung mit dem Wörterbuch und der Struktur der einzelnen Wörterbuchartikel. Zunächst wird das Arbeitsblatt 1 im Plenum gelesen, bevor die Schüler Arbeitsblatt 2 bearbeiten und die Ergebnisse wieder gemeinsam besprochen werden.

Als Einstieg eignen sich auch Wortspiele, wie sie häufig in Werbeanzeigen zu finden sind, die mithilfe des Wörterbuchs erklärt werden können.

-- *hier umknicken* --

Lösung (Arbeitsblatt 2):

1) la langue populaire   *pop.*   les conjonctions   *conj.*
la langue littéraire   *litt.*   les prépositions   *prép.*
la langue familière   *fam.*   les verbes pronominaux   *v. pr.*

2) *respirer*   *vieillesse*   *le public*

3) *correct*   *malsain*

4) *banals*   *les feux*   *les vitraux*

5) *évidemment*   *bien*   *mieux*

6) Je pense qu'*il fera beau demain.*
Je ne crois pas que *les Allemands soient plus travailleurs que les Français.*
Il est vrai que *deux et deux font quatre.*

7) Connaissez-vous ses *opinions* politiques? *(convictions, idées de qn)*
Le professeur voulait connaître mon *avis* sur ce problème. *(manière de voir)*
Voter, c'est accomplir son *devoir* de citoyen. *(ce à quoi on est obligé – légalement ou moralement)*
C'est une *tâche* assez pénible. *(ce qui doit être fait)*

8) *Elle aide son frère à préparer le repas.*
Elle s'est aidée de ses mains pour grimper.
C'est un homme qui trompe sa femme.
Carla s'est trompée de chemin.

Fiche de travail 1

Guide de l'utilisation du dictionnaire unilingue

Les questions qu'il faut se poser avant de consulter le dictionnaire:

– Que peut bien signifier le mot en question dans le contexte?
– S'agit-il d'un sens de base / contextuel / figuré / d'une expression idiomatique?
– Est-ce que je connais   • le sens propre de ce mot?
                           • des mots de la même famille?
                           • des expressions où ce mot apparaît?

> ▶ Formulez des hypothèses sur le sens. Après, consultez le dictionnaire pour en être sûr.

Ce qu'il faut retenir lors de la consultation du dictionnaire:

<u>En général:</u>

– l'organisation d'un article: I, II, puis 1., 2. etc.
– les abréviations, par exemple:

• syn:	synonyme	• subj.:	subjonctif	• → :	voir
• contr.:	contraire	• c.:	conjugaison		

– la typographie, par exemple:
    • les acceptions (sens) d'un mot sont numerotées
    • les numéros des sous-définitions sont souvent en couleur
    • les exemples sont en italique

> ▶ Il est utile de connaître la structure de son dictionnaire. Lisez donc les premières pages où l'organisation du dictionnaire est expliquée.

Quelques conseils pour l'utilisation:

• Ne lisez pas tout l'article du début à la fin.
• Cherchez du regard l'expression concernée, p. ex. pour un verbe faites attention à sa construction: regardez si le verbe est transitif ou intransitif.
• Attention: la première définition n'est pas automatiquement la bonne! C'est le contexte qui compte. Prenez en considération les exemples!
• Puis, lisez le début des grandes parties (I, II etc.).
• Ne lisez pas les passages qui ne correspondent pas au sens recherché.
• Recentrez votre recherche jusqu'à trouver un sens qui convient. N'oubliez pas qu'il est fort possible que l'usage du mot recherché (le contexte dans lequel le mot figure) dans votre texte diffère légèrement de celui mentionné dans le dictionnaire.
• Aidez-vous des synonymes et des antonymes donnés. Vérifiez éventuellement en vous reportant aux autres articles mentionnés.

Juliane Stubenrauch-Böhme: Die schnelle Stunde Französisch
© Auer Verlag – AAP Lehrerfachverlage GmbH, Donauwörth

Fiche de travail 2

Consultez votre dictionnaire!

1) **Cherchez les abréviations utilisées pour:**

   la langue populaire _____   les conjonctions _____

   la langue littéraire _____   les prépositions _____

   la langue familière _____   les verbes pronominaux _____

2) **Vérifiez**
   respirer ou réspirer   vieillesse ou viellesse   le public ou le publique?

3) **Notez la forme masculine de l'adjectif.**

   _____ correcte   _____ malsaine

4) **Notez le pluriel.**

   banal _____   le feu _____   le vitrail _____

5) **Formez les adverbes correspondants aux adjectifs.**

   évident _____   bon _____   meilleur _____

6) **Subjonctif ou indicatif? Complétez les phrases en utilisant:** *faire beau demain;*
   les Allemands – être plus travailleurs que les Français; deux et deux – faire quatre

   Je pense que _____.

   Je ne crois pas que _____.

   Il est vrai que _____.

7) **Ne confondez pas! Complétez les phrases suivantes!**
   avis – opinion
   Connaissez-vous ses _____ politiques?

   Le professeur voulait connaître mon _____ sur ce problème.

   devoir – tâche
   Voter, c'est accomplir son / sa _____ de citoyen.

   C'est un(e) _____ assez pénible.

8) **Pour faire des phrases correctes, il faut savoir si les verbes sont transitifs, pronominaux ou
   s'il est nécessaire de les employer avec des prépositions.**
   Trouvez des phrases qui montrent les constructions dans lesquelles les deux verbes *«aider»*
   et *«tromper»* **peuvent être utilisés:**

   _____

   _____

   _____

3.6 Entraînement

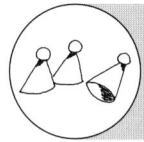 ab 3. Lernjahr

 45–90 min

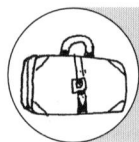 Arbeitsblätter

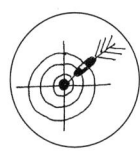 Hörverstehen, Festigung grammatischer Strukturen

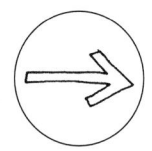 Arbeitsblätter kopieren

Am Anfang der Stunde werden die Schüler aufgefordert, über das Thema Tiere/Haustiere zu sprechen und von besonderen Erlebnissen mit ihren Haustieren zu berichten.
Dann liest der Lehrer den Text «Frédéric, l'agent de police pas comme les autres» vor, im Anschluss daran erhalten die Schüler die Arbeitsblätter zum Bearbeiten.
Im Plenum werden die Lösungen besprochen und verbessert.

 Steht eine Doppelstunde zur Verfügung, können sich die Schüler auch nach dem Hörverstehen ein Abenteuer ausdenken, das der kleine Hund in Paris erlebt.
Auftretende Schwierigkeiten im Französischen können nochmals besprochen und geklärt werden.

Juliane Stubenrauch-Böhme: Die schnelle Stunde Französisch
© Auer Verlag – AAP Lehrerfachverlage GmbH, Donauwörth

Frédéric, l'agent de police pas comme les autres

1. Compréhension orale

Qui est Carolin?

☐ une fille de Lyon   ☐ une fille de Cologne   ☐ une jeune Parisienne

Elle a quel âge?

☐ 11 ans   ☐ 13 ans   ☐ 16 ans   ☐ 14 ans

Carolin va passer _____ semaines à Paris, elle arrive avec Frédéric, son _____. Il est

☐ blond   ☐ brun   ☐ noir.

Frédéric n'aime pas les rues de Paris. C'est   ☐ vrai   ☐ faux.

Un jour, les filles ont lu quelque chose. Racontez (où, quoi, idée: travailler ...).

_____

_____

Et maintenant, Frédéric va travailler. Racontez (se lever, travailler, avec, où).

_____

_____

Après le travail, Frédéric est en pleine forme? Racontez.

_____

_____

2. Un peu de grammaire

2.1 Mettez les verbes entre parenthèses au passé composé / à l'imparfait.

Un grand choc dans le métro

Hier, comme tous les jours, Frédéric _____ (travailler) dans la ligne 3,

il _____ (être) sur sa place et _____ (surveiller) les gens dans le

métro. A 11 heures, au Louvre, une dame _____ (entrer) avec un grand sac rouge. Elle

_____ (poser) le sac. Quatre stations plus tard, la dame _____ (sortir) au der-

nier moment, mais à la grande surprise de tous, sans le sac! Le grand paquet _____ (rester)

toujours dans le métro.

Frédéric _____ (alarmer) tout de suite son chef parce qu'il _____ (com-

prendre) le danger. Une bombe dans le métro? Le flic _____ (ouvrir) le sac. Quel choc! Non,

pas de bombe, pas de cadavre, mais une bête: un boa qui _____ (dormir) là, dans le sac.

Et une seconde après, tous les gens _____ (crier). Quelle horreur!

Juliane Stubenrauch-Bohme: Die schnelle Stunde Französisch
© Auer Verlag – AAP Lehrerfachverlag GmbH, Donauwörth

Frédéric, l'agent de police pas comme les autres

2.2 Remplissez les lacunes selon le contexte.

<u>Oh, ce boa!</u>

Hier, Frédéric travaillait _____ (bon), même _____ (bon, comparatif +) que

les autres jours. C'était _____ (vrai) super, un grand succès et une situation bien

_____ (dangereux) avec le boa parce que cet animal pouvait avoir faim. Bien sûr,

la presse est arrivée tout de suite et on a fait _____ (photos, joli, superlatif +) du

«flic allemand à quatre pattes». Les journalistes étaient très _____ (gentil) avec Frédéric,

on lui a donné du chocolat, et Frédéric a répondu _____ (gentil) «wouff, wouff». Et là, la

catastrophe, le sac! Le boa _____ est sorti pour être sur les photos aussi. Et du wagon, tous

les gens _____ sont descendus tout de suite. Mais Frédéric _____ est resté et a dit

_____ (vite) «wouff, wouff» et le boa a répondu «*zzzzzzzzzzz*».

3. Production de texte

Deux jours après la journée boa, les deux filles ont fait un tour en ville. Le soir, elles racontent tout à la maman de Martine.
(Racontez et respectez toutes les informations.)

Carolin: (s'acheter ..., Galeries Lafayette, regarder ..., Fnac)

_____

_____

Martine: (rester une heure au Centre Pompidou pour ...)

_____

_____

mère de Martine: (être ..., Paris plage?, se bronzer?)

_____

_____

Carolin: (rendez-vous avec Frédéric, Louvre, aller au jardin zoologique, visiter le boa)

_____

_____

Juliane Stubenrauch-Böhme: Die schnelle Stunde Französisch
© Auer Verlag – AAP Lehrerfachverlage GmbH, Donauwörth

Frédéric, l'agent de police pas comme les autres

Frédéric, l'agent de police pas comme les autres

C'est les vacances d'été. Pas d'école, formidable, et Carolin va arriver! Qui est Carolin? Eh bien, c'est la correspondante allemande de Martine. Carolin habite à Cologne. Elle a 14 ans comme Martine. Et elle va passer cinq semaines à Paris, chez sa copine française. Cela va être super.

Une autre surprise: Frédéric. Non, ce n'est pas le petit ami de l'Allemande. Carolin va arriver avec son chien noir.

Une semaine plus tard, quelle horreur, ce Frédéric, il fait plein de bêtises à Paris. Il se balade, fait des tours, aussi en métro, tout seul. Mais c'est dangereux, il y a beaucoup de lignes. Frédéric peut se perdre. Mais non, il ne se perd pas, et Carolin n'a pas la trouille. Son chien trouve toujours la bonne route.

Et là, les filles ont eu une idée. La police cherche des chiens pour le travail dans le métro, elles ont lu cela dans une annonce d'un journal parisien. Et c'est bien payé!

Maintenant, Frédéric se lève à 5 heures pour aller travailler. Il passe des heures dans le métro avec un inspecteur de la police pour chercher des bandits et des gangsters. Cinq heures plus tard, Carolin vient le chercher à la station du Louvre, et là, Frédéric est bien fatigué. Et les filles peuvent commencer la journée à Paris, sans Frédéric. Sans le chien? Oui, le pauvre, il dort dans son petit lit et rêve de beaucoup de gangsters.

Lösungen:

1.

une fille de Cologne	chien
14 ans	noir
cinq	faux

Dans une annonce les filles ont lu que la police cherche des chiens pour travailler dans le métro.
Il se lève à cinq heures pour travailler avec la police. Il cherche des bandits dans le métro.
Non, il est très fatigué, il dort tout de suite dans son lit.

2.1

travaillait	restait
était	a alarmé
surveillait	comprenait
est entrée	a ouvert
a posé	dormait
est sortie	ont crié

2.2

bien	gentiment
mieux	en
vraiment	en
dangereuse	y
les plus jolies photos	vite
gentils	

3. Production de texte

Nous avons acheté beaucoup de belles choses aux Galeries Lafayette. Et puis, on a regardé des BD à la Fnac. Après, nous sommes allées au centre Pompidou pour y écouter de la musique.

Vous avez été à Paris plage pour vous bronzer?

Non, on a eu rendez-vous avec Frédéric au Louvre. Nous sommes allées visiter le boa au jardin zoologique.

3.1 Ma vie et mon CV à l'an 2050

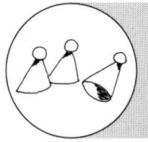
ab 3. Lernjahr

45–90 min

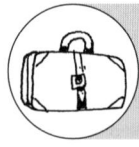
Papier oder Schülerheft, Folie

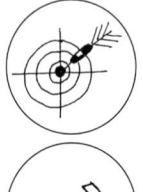
Förderung der mündlichen und schriftlichen Ausdrucksfähigkeit, einen Lebenslauf verfassen

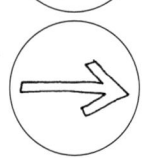
Vorlage eines tabellarischen Lebenslaufs auf Folie kopieren

Zu Beginn der Stunde bietet sich ein Brainstorming zur Jahreszahl 2050 an. Der Lehrer oder ein Schüler hält die Ergebnisse an der Tafel fest. Dann werden die Schüler gefragt, wie sie sich ihr Leben im Jahr 2050 vorstellen und was sie bis dahin erreicht haben möchten (*Comment imagines-tu/sera ta vie à l'an 2050? Qu'est-ce que tu auras réalisé à l'an 2050?*). Nun kann der Lehrer überleiten zum Verfassen eines Lebenslaufes. Die Vorlage für einen tabellarischen Lebenslauf wird an die Wand projiziert. Bevor die Schüler aufgefordert werden, ihren Lebenslauf aufzuschreiben, wie er im Jahr 2050 sein wird, ist es sinnvoll, mit den Schülern die einzelnen Abschnitte und deren formale Gestaltung zu thematisieren:

- Persönliche Daten:
  - Angabe oben links
  - Foto oben rechts
  - in einer Flucht untereinander
  - nicht direkt hinter dem Doppelpunkt beginnen
- Ausbildung:
  - Auflistung der besuchten Schulen
  - links Zeitangaben, rechts Art, Name und Ort der Schule,
  - Name der Firma/Hochschule, des Ausbildungs- oder Studiengangs,
  - erreichter Abschluss
- Berufserfahrung:
  - links Zeitangaben, rechts Name der Firma,
  - ausgeübte Tätigkeit
  - Praktika
  - Beginn mit der aktuellen Situation, d. h. Darstellung in chronologisch umgekehrter Reihenfolge
- Sprachen und EDV-Kenntnisse: – Angabe von Sprach- und Computerkenntnissen
  - bei Sprachen: Angabe des Niveaus: Niveau professionnel/courant/scolaire
- Hobbys:
  - Auflistung der Hobbys, ehrenamtliche Tätigkeiten etc.

Anschließend erarbeiten die Schüler in Einzelarbeit ihren „Wunschlebenslauf".
Die Schüler stellen ihren Lebenslauf im Plenum vor. Dabei sollte darauf geachtet werden, dass die Schüler ihren Lebenslauf bzw. ihre Lebensgeschichte in ganzen und zusammenhängenden Sätzen darstellen.

Die Schüler können auch aufgefordert werden, sich keine realistischen, sondern möglichst fantasievolle Lebensläufe auszudenken. Als Einstieg hierzu bietet sich das Lied „78.2008" von Katerine an.

Zeigen sich viele Gemeinsamkeiten in den Lebensläufen der Schüler, können diese thematisiert werden.

Juliane Stubenrauch-Böhme: Die schnelle Stunde Französisch
© Auer Verlag – AAP Lehrerfachverlage GmbH, Donauwörth

Mon CV à l'an 2050

Curriculum vitae

prénom, nom
adresse
mobile
émail

date de naissance
nationalité
état civil

FORMATION

EXPÉRIENCES PROFESSIONNELLES

LANGUES ET INFORMATIQUE

CENTRES D'INTÉRÊT

3.8 Poser sa candidature

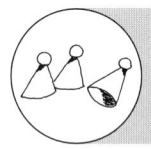
ab 3. Lernjahr

45–90 min

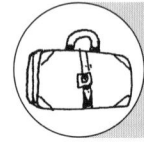
Arbeitsblätter, Schülerheft oder Papier

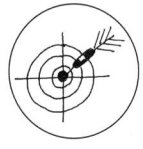
Verbesserung der schriftlichen Ausdrucksfähigkeit

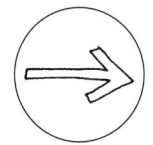
Arbeitsblatt kopieren, evtl. Papier bereitlegen

Am Beginn der Stunde steht ein Unterrichtsgespräch über Ferienjobs: *Qui a déjà travaillé pendant les vacances? Où est-ce que tu as travaillé? C'était comment? Tu as aimé ce travail?* Mit der Frage, wie die Schüler den Ferienjob gefunden und erhalten haben, kann zum Stundenthema «*lettre de candidature*» übergeleitet werden.

Anhand des Arbeitsblatts «*lettre de candidature*» kann der Aufbau eines Bewerbungsschreibens (oben links: Name und Anschrift des Absenders, darunter rechts Name und Anschrift des Empfängers, darunter rechts Ort und Datum, links Anrede, Verweis auf Anzeige etc., Begründung für Interesse an der jeweiligen Stelle, Höflichkeits- und Grußformel, Unterschrift, Anlage) erarbeitet werden. An der Tafel sollten alternative Wendungen und zusätzliches Vokabular festgehalten werden.

Im Anschluss daran erhalten die Schüler das Arbeitsblatt mit den Stellenangeboten, wählen eines aus und verfassen in Einzel- oder Partnerarbeit ein Bewerbungsschreiben.

Nun wird die Klasse in Kleingruppen eingeteilt. Diese stellen die Firmen dar, die jeweils mehrere Bewerbungsschreiben erhalten und sich für einen Kandidaten entscheiden sollen, den sie zum Bewerbungsgespräch einladen möchten. Die Gruppen müssen immer begründen, weshalb sie sich gerade für diesen Kandidaten entschieden haben.

Steht eine Doppelstunde zur Verfügung, können Bewerbungsgespräche durchgeführt werden oder die Schüler können ihren Lebenslauf auf Französisch verfassen.

Die Schüler können auch über Vor- und Nachteile von anonymen Lebensläufen (ohne Angabe von Name, Adresse, Geburtsdatum) diskutieren, wie sie in Frankreich häufig üblich sind.

Juliane Stubenrauch-Böhme: Die schnelle Stunde Französisch
© Auer Verlag – AAP Lehrerfachverlage GmbH, Donauwörth

Lettre de candidature

Marlene Musterfrau
Talhofgasse 7
80337 München
mobile: +49 (0) 173 6570780
musterfrau.m@gmx.com

Club Med
A l'attention de M. Clerc
3, rue de Sévigné
75003 Paris

Munich, le 4 juillet 2012

Monsieur Clerc,

suite à votre annonce du 1er juillet paru dans Le Monde, je pose ma candidature au poste d'animatrice pendant le mois d'août.

Actuellement je suis élève du lycée franco-allemand à Munich en terminale et j'aimerais beaucoup travailler en France pendant les vacances d'été. Je suis très intéressée par le travail d'animatrice parce que je suis animatrice d'un groupe de jeunes depuis deux ans et ce travail me plaît beaucoup.

Entre le 15 et 20 juillet je serai à Paris et je me tiens à votre disposition pour un entretien, si ma candidature retient votre attention.

Dans l'attente de votre réponse, je vous prie d'agréer, Monsieur Clerc, l'expression de mes sentiments les meilleurs.

Marlene Musterfrau
P.J. Curriculum vitae

-- *hier umknicken* --

Quelques annonces

Tu aimes la musique, les gens? Tu sais danser? Tu n'as pas peur d'aller te coucher très, très tard ou plutôt tôt? Alors, viens travailler comme discjockey à la discothèque «Au Clair de la Lune», 24, rue de la Bastille, 75004 Paris

Tu voulais toujours passer tes vacances d'été dans un club Méditerranée? Bien sûr tu peux vivre ce rêve – comme animateur/animatrice pour nos hôtes de partout en Europe. Tu parles allemand, français, anglais et peut-être d'autres langues? Tu es sportif/ve? Tu aimes l'eau, le soleil, le tennis, le football ou le surf ... et les gens?
Alors, écris au Club Corse, 5, rue Elzévir, 75003 Paris

«Pierre» est un cheval très gentil et beaucoup trop vieux pour travailler comme cheval de police. Maintenant il aime beaucoup «Minou» notre chat noir et «Karl» le berger allemand qui sont aussi très vieux. Ici, à la Ferme du Soleil, 7, allé du Commandant Guesnet, 77170 Brie-Comte-Robert, ces animaux trop vieux pour travailler ou pour le boucher peuvent passer tranquillement leurs vieux jours. Mais ils ont besoin d'être soignés par une personne gentille qui les aimera et n'aura pas peur d'un peu de boue. Il serait utile si vous saviez monter à cheval. Ecrivez-nous!

3.9 Entretien d'embauche

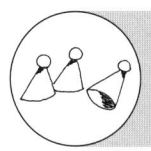
ab 3. Lernjahr

45 min

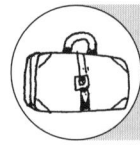
Arbeitsblätter, Schülerheft
oder Papier

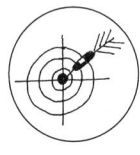
Verbesserung der mündlichen Ausdrucksfähigkeit

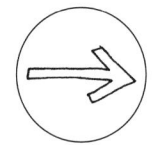
Stellenanzeigen der Stunde «*Poser sa candidature*» kopieren, evtl. Papier bereitlegen

Am Beginn der Stunde steht ein Unterrichtsgespräch über Ferien- oder Nebenjobs: *Qui a déjà travaillé pendant les vacances? Qui travaille le week-end? Où est-ce que tu as travaillé? Où est-ce que tu traivailles? C'était/est comment? Tu as aimé/aimes ce travail?* Mit der Frage, wie die Schüler den Ferien-, Nebenjob gefunden und erhalten haben, kann zum Stundenthema «*entretien d'embauche*» übergeleitet werden. Die Schüler erhalten ein Arbeitsblatt mit Stellenangeboten (s. Arbeitsblatt zur Stunde *Poser sa candidature*). Aus diesen Stellenangeboten wählen sie eines aus, für das sie sich gerne bewerben würden.
Im Unterrichtsgespräch werden mögliche Fragen bzw. Aspekte gesammelt, mit denen Jugendliche, die sich auf diese Stellen bewerben, konfrontiert werden könnten (Begrüßung, Begründung des Interesses für die ausgeschriebene Stelle, bisherige Berufserfahrungen, Arbeitsbeginn, Bezahlung, Verabschiedung).
Diese Fragen bzw. Aspekte werden an der Tafel festgehalten.
Im Anschluss daran erhalten die Schüler den folgenden Arbeitsauftrag: *Travaillez à deux. L'un d'entre vous est le chef, l'autre est le candidat. Choisissez une des annonces et préparez un entretien d'embauche. Votre dialogue devrait durer 3 à 4 minutes. Vous pouvez utiliser quelques notes.*
Im Plenum stellen einige Tandems ihre *entretiens d'embauche* vor. Die Mitschüler können Feedback geben.

Pro Anzeige können zwei Schüler die Rolle des Arbeitgebers übernehmen bzw. ein Team bilden, das das Bewerbungsgespräch leitet. Sie können sich mehrere Bewerber anhören und sich dann für einen entscheiden. Im Plenum begründen sie ihre Wahl des Kandidaten.

Juliane Stubenrauch-Böhme: Die schnelle Stunde Französisch
© Auer Verlag – AAP Lehrerfachverlage GmbH, Donauwörth

4.1 Place pour la chanson

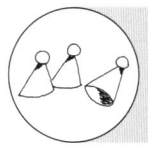
ab 4./5. Lernjahr

45 – 90 min

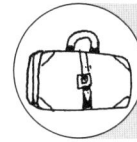
Arbeitsblatt, MP3-Datei, MP3-Player, Liedtext

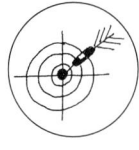
Freude am Umgang mit Französisch, Kennenlernen eines französischen Chansons

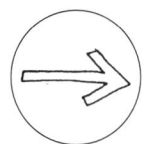
Arbeitsblatt kopieren, Liedtext und Lieddatei aus dem Internet herunterladen

Zu Beginn der Stunde bietet sich ein Brainstorming zum Begriff *environnement* an, bevor die Klasse das Lied „Respire" von Mickey 3D hört.

Steht eine Doppelstunde zur Verfügung, kann der Liedtext auch als Lückentext an die Schüler ausgegeben werden, die beim Anhören des Liedes die Lücken füllen sollen. Im Anschluss erarbeitet man mithilfe des Arbeitsblatts den Inhalt und die sprachlichen Besonderheiten des Liedes. Die Ergebnisse werden im Tafelbild festgehalten. Ausgehend vom Text werden darüber hinaus auch bereits bekannte grammatikalische Phänomene thematisiert und wiederholt.

Nach der Erarbeitung des Liedtextes können die Schüler aufgefordert werden, sich Gedanken zum Thema Umweltschutz zu machen, sei es im Unterrichtsgespräch oder in schriftlicher Form eines commentaire personnel: *Qu'est-ce que je peux faire pour la protection de la nature?*

Mögliches Tafelbild:

«L'histoire de l'être humain»

au début
- la nature pure, pas influencée par l'homme
- l'homme en harmonie avec la nature
- des animaux et des plantes partout

l'homme arrive
- il marque la nature avec des routes
- l'histoire change → la pollution

dans le futur
- nature détruite
- les enfants mutilés

Alternativ kann der Schwerpunkt auch auf die Musikanalyse gelegt werden und Fragestellungen wie: *Caractérisez la forme de la chanson, la musique et la manière de chanter de l'interprète. Est-ce que la musique et les paroles harmonisent?* können bearbeitet werden. In diesem Fall bietet sich ein Brainstorming zum Thema *Pour parler d'une chanson* anfangs der Stunde an.

Auf der Internetseite www.lyricsmania.com findet sich der Text des Chansons und das Chanson selbst kann auf www.youtube.com angehört werden.

Mickey 3D «Respire» – Pistes de travail

1. Ecoutez la chanson.

2. Créez un centre d'intérêt en utilisant les paroles de la chanson.

3. Résumez «l'histoire de l'être humain».

4. Le chanteur appelle les gens «incapables», «coupables», «misérables». Pourquoi?

5. Dans les paroles on trouve beaucoup d'images («routes à sens unique», «faire marche arrière», «laver ses mains»). Essayez de les expliquer.

6. L'interprète utilise souvent des mots familiers. Quelles structures familières est-ce que vous trouvez dans la chanson?

7. Trouvez les formes du futur simple.

8. Quelle autre forme de futur est-ce qu'on trouve dans le texte?

9. Comment peut-on remplacer la forme «avoir beau faire»?

Juliane Stubenrauch-Böhme: Die schnelle Stunde Französisch

4.2 Proverbes et expressions toutes faites

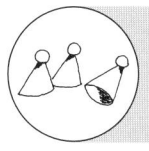
ab 4./5. Lernjahr

45 min

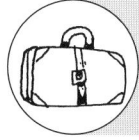
Karten mit verschiedenen Sprichwörtern/Redensarten, Tafel, Schülerheft, Arbeitsblätter

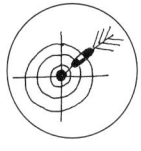
Einblick in idiomatische Wendungen, Verbesserung der schriftlichen Ausdrucksfähigkeit

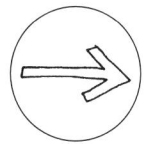
Karten mit verschiedenen Sprichwörtern/Redensarten beschriften bzw. verschiedene Wendungen sammeln, Arbeitsblätter kopieren

Ein Schüler erhält eine Karte mit einem Sprichwort bzw. einer Redensart. Nun kann er wählen: Entweder malt er das Sprichwort bzw. die Redensart an die Tafel oder er stellt das Sprichwort/die Redensart pantomimisch dar. Die Klasse versucht, das dargestellte Sprichwort bzw. die dargestellte Redensart zu erraten.

Im Anschluss an das Erraten soll sich jeder Schüler für ein Sprichwort/eine Redensart entscheiden und eine Geschichte dazu erfinden, die dieses/diese erläutert.

Beispiele:

- *Tout commence bien qui finit bien.*
- *Ce n'est pas la mer à boire.*
- *Tout ce qui brille n'est pas or.*
- *avoir l'estomac dans les talons*
- *mettre les pieds dans le plat*
- *porter de l'eau à la rivière*
- *se jeter dans la gueule du loup*
- *Tout vient à point à qui sait attendre.*

- *Un tiens vaut mieux que deux tu l'auras.*
- *Après la pluie vient le beau temps.*
- *casser du sucre sur le dos de qn*
- *Il n'y a pas de fumée sans feu.*
- *Quand on n'a pas de tête, il faut avoir des jambes.*
- *L'appétit vient en mangeant.*
- *mener qn par le bout du nez*
- *C'est en forgeant qu'on devient forgeron.*

Das Spiel kann auch als Wettbewerb gestaltet werden, indem man die Klasse in zwei Gruppen teilt, die gegeneinander antreten. Die Gruppe, die die meisten Sprichwörter innerhalb einer vorgegebenen Zeit erraten hat, hat gewonnen.

Es bietet sich an, zu Beginn der Stunde den Schülern folgendes Arbeitsblatt auszuteilen, auf dem sich die oben genannten Sprichwörter/Redensarten in verdrehter Anordnung finden, die die Schüler in die richtige Reihenfolge bringen und den deutschen Entsprechungen zuordnen müssen. So lernen die Schüler die Sprichwörter/Redensarten kennen, die dann auf die oben beschriebene Art und Weise dargestellt werden können.

Quel désordre!
Retrouvez le bon ordre!

avoir l'estomac	à la rivière
Tout commence bien	en mangeant.
Ce n'est pas	qui finit bien.
Tout vient à point	dans le plat
casser du sucre	vient le beau temps.
Tout ce qui brille	par le bout du nez
se jeter	la mer à boire.
Quand on n'a pas de tête,	n'est pas or.
porter de l'eau	qu'on devient forgeron.
mener qn	dans les talons
L'appétit vient	à qui sait attendre.
Un tiens vaut mieux	sur le dos de qn
mettre les pieds	dans la gueule du loup
Il n'y a pas de fumée	il faut avoir des jambes.
C'est en forgeant	que deux tu l'auras.
Après la pluie	sans feu.

-- *hier umknicken* ---

Juliane Stubenrauch-Böhme: Die schnelle Stunde Französisch

Trouvez le proverbe français ou l'expression française!

1. Ende gut, alles gut.
_____

2. Es ist nicht so schlimm, wie es aussieht.
_____

3. den Magen in den Kniekehlen hängen haben
_____

4. Was lange währt, wird endlich gut.
_____

5. Nach Regen kommt Sonnenschein.
_____

6. Es ist nicht alles Gold, was glänzt.
_____

7. ins Fettnäpfchen treten
_____

8. Übung macht den Meister.
_____

9. Was man nicht im Kopf hat, hat man in den Beinen.
_____

10. kein Rauch ohne Feuer
_____

11. Der Spatz in der Hand ist besser als die Taube auf dem Dach.
_____

12. Eulen nach Athen tragen
_____

13. sich in die Höhle des Löwen begeben
_____

14. jemanden um den kleinen Finger wickeln
_____

15. Der Appetit kommt beim Essen.
_____

16. jemanden durch den Kakao ziehen
_____

Trouvez le proverbe français ou l'expression française!

Lösung:

1. Tout commence bien qui finit bien.

2. Ce n'est pas la mer à boire.

3. avoir l'estomac dans les talons

4. Tout vient à point à qui sait attendre.

5. Après la pluie vient le beau temps.

6. Tout ce qui brille n'est pas or.

7. mettre les pieds dans le plat

8. C'est en forgeant qu'on devient forgeron.

9. Quand on n'a pas de tête, il faut avoir des jambes.

10. Il n'y a pas de fumée sans feu.

11. Un tiens vaut mieux que deux tu l'auras.

12. porter de l'eau à la rivière

13. se jeter dans la gueule du loup

14. mener qn par le bout du nez

15. L'appétit vient en mangeant.

16. casser du sucre sur le dos de qn

Juliane Stubenrauch-Böhme: Die schnelle Stunde Französisch

4.3 Filmszenen synchronisieren

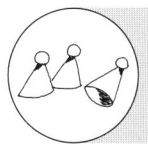
ab 4./5. Lernjahr

45 min

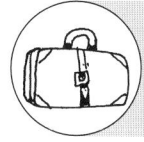
französischsprachiger Film zu touristischen Sehenswürdigkeiten oder französischer Spielfilm

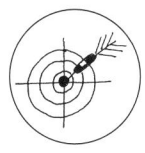
Förderung des Seh- und Hörverstehens, Förderung der Sprechfertigkeit

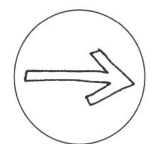
französischsprachigen Film zu touristischen Sehenswürdigkeiten oder französischen Spielfilm bereitlegen, Passage von ca. 10 Minuten auswählen

Als Einstieg empfiehlt sich ein Unterrichtsgespräch zum Thema „Film". Mittels Fragen wie *Allez-vous souvent au cinéma?*, *Quel était le dernier film que vous avez vu?* oder *Quel est votre film préféré?* kann an die Erfahrungswelt der Schüler angeknüpft werden. Im Anschluss kann erarbeitet werden, welche Aspekte bei der Synchronisation von Filmen eine Rolle spielen (Wiedergabe der Dialoge in Übereinstimmung mit Lippenbewegungen, Gestik und Mimik der jeweiligen Filmszene).

Die Schüler erhalten den Arbeitsauftrag, die Sequenz, die sie mehrmals sehen werden, in deutscher Sprache zu synchronisieren. Die Lehrkraft sollte die Schüler dazu anhalten, sich während der Präsentationsphase der Filmszene Notizen zu machen. Nachdem die Schüler die zu synchronisierende Szene mehrmals angeschaut haben, erhalten sie noch etwas Zeit, um die Inhalte ins Deutsche zu übertragen. Im Plenum wird dann die Filmszene ohne Ton vorgespielt und mehrere Schüler hintereinander sprechen den deutschen Text dazu.

Abschließend sollten die Schwierigkeiten des Synchronisierens thematisiert werden (z. B. Verfassen eines inhaltlich zu den Bildern passenden Textes, Länge der Äußerungen etc.).

Den Schülern kann auch eine Dialogszene aus einem Spielfilm ohne Ton vorgespielt werden mit dem Arbeitsauftrag, sich einen zu der Szene passenden Dialog auszudenken. Nach der Präsentation der Ergebnisse können die Varianten der Schüler mit dem Original verglichen werden.

© Auer Verlag – AAP Lehrerfachverlag GmbH, Donauwörth

4.4 Médiation

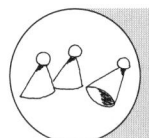 ab 4./5. Lernjahr

 45 min

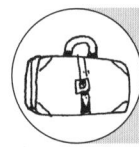 Kärtchen mit Fragen auf Deutsch, Arbeitsblatt

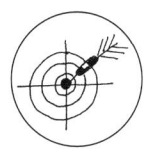 Förderung der Fähigkeit, die Hauptaussagen von deutschen Sachtexten in französischer Sprache zusammenfassen zu können

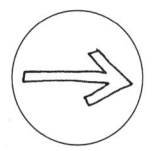 Kärtchen mit Fragen auf Deutsch herstellen, Arbeitsblatt mit Text kopieren

Zu Beginn werden zwei Schüler für eine kleine Dolmetschübung ausgewählt. Einer der Schüler zieht ein Fragekärtchen und liest die Frage auf Deutsch vor, der andere Schüler antwortet auf Deutsch. Der Schüler, der die Frage vorgelesen hat, dolmetscht die Antwort ins Französische. Die nächste Fragekarte zieht dann sein Partner. Anschließend sollte im Unterrichtsgespräch thematisiert werden, welche Schwierigkeiten beim Dolmetschen und beim Sprachmitteln auftreten und worauf geachtet werden soll.

Dann wird das Arbeitsblatt ausgeteilt und die Arbeitsaufträge werden ausgeführt. Die Ergebnisse werden im Plenum besprochen.

 Steht Internetanschluss zur Verfügung, können die Schüler auch aufgefordert werden, sich interessante Neuigkeiten/Informationen auszusuchen, die sie ihren französischen Austauschpartnern zukommen lassen möchten.

 Für die *médiation* sollten Texte ausgewählt werden, die nach der Übertragung ins Französische noch Gesprächs- bzw. Diskussionsanlass bieten.

Juliane Stubenrauch-Böhme: Die schnelle Stunde Französisch

Médiation

Dein französischer Freund muss ein Referat über das Ernährungsverhalten der Europäer und die neuesten Entwicklungen in der Lebensmittelbranche halten. Er soll auch einen kurzen Überblick über die Situation in Deutschland geben. Im Internet ist er auf folgenden Artikel aufmerksam geworden. Da er nicht ganz sicher ist, ob er alles richtig verstanden hat, bittet er dich darum, ihm die wichtigsten Informationen des Artikels auf Französisch zukommen zu lassen.

Aufgabe:

Du schreibst deinem Freund eine E-Mail, in der du ihm alle relevanten Informationen/Aussagen des Textes wiedergibst. Außerdem schilderst du ihm, worauf du und deine Familie bei der Ernährung achtet. Du berichtest ihm auch von der Aktionswoche „Gesundes Essen", die im letzten Monat an deiner Schule stattgefunden hat.

Das Gewissen isst mit

Nachhaltiger Konsum. Ab kommendem Samstag werden auf der weltweit größten Ernährungsmesse, der Anuga, die neuesten Trends der Lebensmittelbranche vorgestellt – eine immer größere Rolle spielt dabei auch die Herkunft von und der Umgang mit Nahrungsmitteln. Neben Biowaren sind deshalb verstärkt Fairtrade-Produkte sowie regionale und saisonale Lebensmittel gefragt.

Selbst eine so simple Angelegenheit wie eine Tasse Kaffee wird schnell komplex, wenn man alles richtig machen will: Stammen die Bohnen aus ökologischem Anbau? Ist der Kaffee fair gehandelt worden? Schadet Koffeingenuss der Gesundheit? Wäre es nicht ohnehin besser, etwas anderes zu trinken, weil die Herstellung der Bohnen, die man für eine einzige Tasse braucht, mit 140 Litern Wasser zu Buche schlägt?

Fest steht: Immer mehr Verbraucher beschäftigen sich mit solchen Fragen. Vielen geht es beim Einkauf nicht nur um Bedürfnisbefriedigung, sondern ums große Ganze: um die Artenvielfalt, das Klima, faire Löhne für die Bauern in den Entwicklungs- und Schwellenländern, sozialverträgliche Arbeitsbedingungen, Ressourcenschonung, aber auch um die Bevorzugung regionaler und saisonaler Produkte. Das gute Gewissen sitzt quasi mit am Esstisch.

Diese diversen, teils widersprüchlichen Absichten lassen sich auch mit einem einzigen Wort umschreiben: Nachhaltigkeit. Das Problem ist nur: Der Begriff „nachhaltig" ist, anders als etwa „biologisch", nicht genau definiert – es fehlen verbindliche Standards. Allein in Deutschland gibt es knapp 1.000 verschiedene Siegel für nachhaltig hergestellte Produkte. In der Lebensmittelbranche haben sich vor allem diese Labels durchgesetzt:

- **Das EU-Bio-Siegel** kennzeichnet Produkte, die die Mindeststandards der europäischen Verordnung zum ökologischen Landbau erfüllen – beispielsweise müssen 95 Prozent der Zutaten eines solchen Lebensmittels aus dem Öko-Landbau stammen.
- **Die Siegel der ökologischen Anbauverbände** – zum Beispiel Demeter, Bioland, Naturland, Gäa oder Biopark – gehen noch über die Kriterien der europäischen Öko-Verordnung hinaus: So muss etwa der gesamte Hof, der Bioprodukte erzeugt, umgestellt werden auf biologische Landwirtschaft, während laut EU-Öko-Richtlinie auch nur eine Teilumstellung zulässig ist.
- **Das Fairtrade-Siegel** ziert fair gehandelte und nachhaltig produzierte Waren aus Entwicklungsländern, wobei nur ein Teil der Fairtrade-Produkte auch biologisch angebaut wird. Der Absatz dieser Güter hat sich in Deutschland zuletzt rasant entwickelt. [...]

Trotz all der Siegel und Initiativen ist es gar nicht so leicht, sich wirklich nachhaltig zu ernähren. So kam die Zeitschrift Ökotest kürzlich zu dem Schluss, dass von 53 Regionalprodukten nur 14 diesen Namen auch verdienen. Und Bioware ist nicht automatisch besser – Bio-Tiefkühl-Pommes etwa können gar nicht nachhaltig sein, weil sich bei verarbeiteten Produkten automatisch die Ökobilanz verschlechtert.

Nicht zuletzt wirkt sich auch der Ernährungsstil auf die Nachhaltigkeit aus:

Menschen, die Fleisch essen, verursachen im Durchschnitt etwa doppelt so viele Treibhausgas-Emissionen wie Vegetarier. [...]

Ob vegan oder konventionell, bio oder fair – der größte Nachhaltigkeitseffekt dürfte wohl zu erzielen sein, wenn weniger Lebensmittel weggeworfen würden. So landet nach Angaben der Welternährungsorganisation ein Drittel der weltweit für den menschlichen Verzehr produzierten Lebensmittel auf dem Müll; Schätzungen gehen sogar davon aus, dass in den Industrieländern die Hälfte der Nahrungsmittel weggeworfen wird. [...]

Nachhaltig ist das nicht. Riesige Mengen von Energie, Wasser, Arbeitskraft, Transport- und Lagerkosten werden so vergeudet – und belasten Umwelt und Klima unnötig.

© 2011, IW Medien iwd 40

4.5 Fables

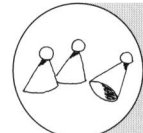 ab 4./5. Lernjahr

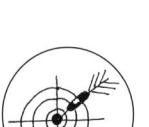 Förderung des Leseverstehens, Schulung der Aussprache

 45–90 min

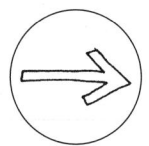 Arbeitsblatt kopieren

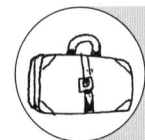 Arbeitsblatt, Papier oder Schülerheft

Zum Stundeneinstieg zeichnet der Lehrer ein typisches Fabeltier, z. B. einen Fuchs, an die Tafel und befragt die Klasse nach den „Eigenschaften" dieses Tiers (z. B. *rusé, prudent*), um so zum Studenthema *fables* überzuleiten und zur Tatsache, dass in einer Fabel Tiere die Hauptrolle spielen.

Die Schüler erhalten dann das Arbeitsblatt mit dem Arbeitsauftrag, die Textteile durchzulesen und in Partnerarbeit die drei Fabeln zu rekonstruieren. Die Lösungen werden im Plenum verglichen.

Im Unterricht können nun die Merkmale der Fabel mithilfe der rekonstruierten Fabeln des Arbeitsblattes erarbeitet und im Tafelbild festgehalten werden (*texte court; texte structuré: introduction – partie principale/dialogue – la moralité; rencontre des animaux sachant parler/qui s'entretiennent; personnages: des animaux ayant des traits de caractère humains et montrant des comportements typiquement humains; but d'une fable: divertir et instruire le lecteur: la moralité/le sens moral*).

Dann werden die einzelnen Fabeln mit verteilten Rollen zur Schulung der Aussprache vorgelesen, ggf. auch mehrmals.

 Steht eine Doppelstunde zur Verfügung, können die Schüler in Gruppen eingeteilt werden, die jeweils eine Fabel als szenisches Spiel einüben und aufführen. Dafür sollte man ihnen folgenden Spielplan an die Hand geben:

découpage en scènes	contenu (points-clés)	locuteurs (accentuation)	animal 1 (mouvements)	animal 1 (texte – accentuation)	animal 2 (mouvements)	animal 2 (texte – accentuation)
1.						
2.						
...						

 In leistungsschwächeren Gruppen kann man auch mit der Erarbeitung der (aus dem Deutschunterricht bekannten) Merkmale der Fabel beginnen, bevor die Fabeln rekonstruiert werden sollen.

--- *hier umknicken* ---

Lösung:

La cigale et la fourmi: 13, 3, 7, 15, 11, 9
Le corbeau et le renard: 1, 6, 10, 14, 4, 12
La grenouille qui se veut faire aussi grosse que le bœuf: 2, 16, 5, 8

Juliane Stubenrauch-Böhme: Die schnelle Stunde Französisch

Jean de La Fontaine: La cigale et la fourmi, Le corbeau et le renard, La grenouille qui se veut faire aussi grosse que le bœuf

Retrouvez les textes!
Quelles parties vont ensemble et dans quel ordre?

La cigale et la fourmi: _____

Le corbeau et le renard: _____

La grenouille qui se veut faire aussi grosse que le bœuf: _____

1. Maître Corbeau, sur un arbre perché, Tenait en son bec un fromage. Maître Renard, par l'odeur alléché, Lui tint à peu près ce langage:	2. Une Grenouille vit un bœuf Qui lui sembla de belle taille.
3. Pas un seul petit morceau De mouche ou de vermisseau. Elle alla crier famine Chez la fourmi sa voisine,	4. Le Renard s'en saisit, et dit: Mon bon Monsieur, Apprenez que tout flatteur Vit aux dépens de celui qui l'écoute.
5. – Nenni. – M'y voici donc? – Point du tout. – M'y voilà? – Vous n'en approchez point. La chétive pécore S'enfla si bien qu'elle creva.	6. Hé bonjour, Monsieur du Corbeau. Que vous êtes joli! que vous me semblez beau!
7. La priant de lui prêter Quelque grain pour subsister Jusqu'à la saison nouvelle. «Je vous paierai, lui dit-elle, Avant l'oût, foi d'animal, Intérêt et principal.»	8. Le monde est plein de gens qui ne sont pas plus sages: Tout bourgeois veut bâtir comme les grands seigneurs, Tout prince a des ambassadeurs, Tout marquis veut avoir des pages.
9. – Vous chantiez? J'en suis fort aise. Eh bien! dansez maintenant.»	10. Sans mentir, si votre ramage Se rapporte à votre plumage, Vous êtes le Phénix des hôtes de ces bois.
11. – Nuit et jour à tout venant Je chantais, ne vous déplaise.	12. Cette leçon vaut bien un fromage, sans doute. Le Corbeau honteux et confus, Jura, mais un peu tard, qu'on ne l'y prendrait plus.
13. La Cigale, ayant chanté Tout l'Eté, Se trouva fort dépourvue Quand la bise fut venue.	14. A ces mots, le Corbeau ne sent pas de joie; Et pour montrer sa belle voix, Il ouvre un large bec, laisse tomber sa proie.
15. La Fourmi n'est prêteuse; C'est là son moindre défaut. «Que faisiez-vous au temps chaud? Dit-elle à cette emprunteuse.	16. Elle qui n'était pas grosse en tout comme un œuf, Envieuse, s'étend, et s'enfle, et se travaille Pour égaler l'animal en grosseur, Disant: Regardez bien, ma sœur; Est-ce assez? dites-moi; n'y suis-je point encore?

4.6 Inventer et intégrer des dialogues

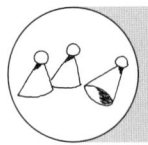
ab 4./5. Lernjahr

45–90 min

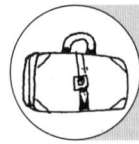
ein- oder zweisprachige Wörterbücher, Romanauszug, in dem Teile der wörtlichen Rede durch Lücken ersetzt wurde

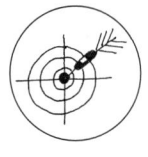
Förderung des Leseverstehens, Förderung des gestalterischen Schreibens

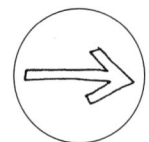
Romanauszug, in dem Teile der wörtlichen Rede durch Lücken ersetzt wurden, fotokopieren; Wörterbücher bereitlegen

Zunächst sollte der Lehrer kurz in die Thematik des Romans, aus dem der Textauszug stammt, einführen und eventuell auch im Unterrichtsgespräch ein Wortfeld zum Inhalt des Textauszuges erstellen, um das Vokabular vorzuentlasten.

Die Schüler erhalten dann den Textauszug, in dem große Teile der wörtlichen Rede fehlen, mit dem Auftrag, den Lückentext zu lesen.

Im Unterrichtsgespräch werden anschließend die wichtigsten inhaltlichen Aspekte des Textauszuges geklärt, um sicherzustellen, dass alle den Inhalt weitestgehend erfasst haben.

In Partnerarbeit ergänzen die Schüler nun die fehlenden Teile der wörtlichen Rede. Die Schüler sollten darauf hingewiesen werden, dass ihre Ergänzungen zum Handlungsverlauf, zu den sprechenden Personen und zum Sprachstil des Textes passen müssen.

Im Plenum werden die Ergebnisse der einzelnen Tandems vorgestellt und besprochen, bevor die Lehrkraft die Originalversion vorstellt.

Steht noch Zeit zur Verfügung, können die Schüler den Text weiterschreiben oder zum Textauszug ein Standbild oder ein szenisches Spiel erarbeiten.

Als Textvorlage bietet sich z. B. ein Auszug aus „No et moi" von Delphine de Vigan an oder auch aus „Le Petit Nicolas" von Sempé/Goscinny (hier ist vor allem eine Besprechung der dem Textauszug entsprechenden Illustrationen sinnvoll).

Juliane Stubenrauch-Böhme: Die schnelle Stunde Französisch

4.7 Dramenpuzzle

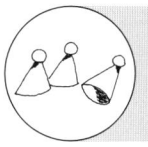
ab 4./5. Lernjahr

45 – 90 min

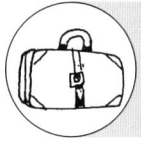
ein- oder zweisprachige Wörterbücher, Dramenszene in Textstreifen

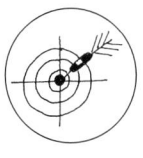
Förderung des Leseverstehens

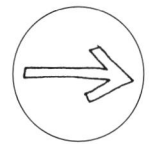
Dramenszene fotokopieren und in einzelne Streifen schneiden, sodass jede Kleingruppe den Text in Streifen erhält; ein- oder zweisprachige Wörterbücher bereitlegen

Zu Beginn wird im Unterrichtsgespräch ein Wortfeld erstellt zum Inhalt der Dramenszene, die die Schüler im Anschluss in Textstreifen erhalten, um die Vokabeln des Dramenauszuges vorzuentlasten. Die Schüler teilen sich in Kleingruppen auf und erhalten jeweils eine Dramenszene in Textstreifen mit dem Arbeitsauftrag, die Textstreifen in die richtige Reihenfolge der Redebeiträge zu bringen. Währenddessen können die Wörterbücher zur Klärung der unbekannten Vokabeln benutzt werden. Sobald die Schüler die Textstreifen geordnet haben, bereiten sie einen Vortrag der Szene vor.
Im Plenum präsentieren die einzelnen Gruppen ihren szenischen Vortrag.
Nach den Präsentationen kann der Lehrer das Textverständnis der Schüler mittels entsprechender Fragen zum Text sichern.

Alternativ kann anstelle des szenischen Vortrags auch ein Fortschreiben des Dialogs treten, der dann mit dem Originaltext verglichen wird.

Der Text, den die Schüler in die richtige Reihenfolge bringen müssen, sollte nicht zu lang (ca. eine Seite) und dem sprachlichen Niveau der Schüler angemessen sein. Als Textvorlage bietet sich z.B. ein Auszug aus Yasmina Rezas „Le dieu du carnage" an.